Mehr Willensstärke

DR. GUSTAV KELLER

Mehr Willensstärke

Wie man Ziele wirksam umsetzt

Bibliografische Information der Deutschen Nationalbibliothek:
Die Deutsche Nationalbibliothek verzeichnet diese Publikation
in der Deutschen Nationalbibliografie; detaillierte bibliografische
Daten sind im Internet über http://dnb.dnb.de abrufbar.

Satz, Umschlaggestaltung, Herstellung und Verlag:
BoD – Books on Demand, Norderstedt

ISBN: 978-3-7481-3694-1

Inhalt

Über diesen Ratgeber

»Ich will!«
Das Wort ist mächtig
Spricht's einer ernst und still
Die Sterne reißt's vom Himmel
Das eine Wort: »Ich will!«
JOHANN WOLFGANG GOETHE

Wir setzen uns ständig Ziele und bilden Vorsätze. Dies geschieht nicht nur am Silvesterabend, sondern während des gesamten Jahres. Häufig lässt die Umsetzung auf sich warten oder bleibt ganz aus. Dies ist frustrierend, zumal viele Menschen zunächst motiviert sind. Woran liegt das? Die Antwort lautet: an mangelnder Willensstärke. Deshalb wendet sich dieses Buch an alle, die mit ihrem Willen nicht zufrieden sind und willensstärker werden möchten.

Am Beginn des Buches schätzen Sie, liebe Leserin, lieber Leser, mit Hilfe eines Analysebogens die Ausprägung Ihrer Willensstärke ein. Basierend auf den Erkenntnissen der Willenspsychologie und der Hirnforschung wird dann die Funktion des menschlichen Willens erklärt. Anschließend wird dargelegt, wie Willensprobleme das zielorientierte Handeln stören und blockieren. Besonderes Augenmerk erfährt dabei die »Aufschieberitis«.

Das größte Anliegen des Buches ist es, Sie zur Stärkung Ihres Willens anzuleiten. Zum einen werden Ihnen Willensstrategien vermittelt. Zum anderen erfahren Sie, wie Sie Ihre Willenskraft trainieren können. Damit Sie sich dieses in den Kapiteln 4 und 5 vorgestellte Know-how sicher aneignen, werden Ihnen auch praktische Übungen angeboten.

Wer sein Verhalten verändern möchte, kann immer auch von Vorbildern lernen. Deshalb finden Sie im Kapitel 6 Beispiele willensstarker Menschen. Diese Vorbilder sollen Sie dazu ermutigen, von Ihrem eigenen Willen mehr Gebrauch zu machen.

Eine Zusammenfassung wesentlicher Buchinhalte enthält das Kapitel 7 in Form von Willenstipps. Damit wiederholen und festigen Sie das, was Sie während der Lektüre gelernt haben.

Jedes Kapitel wird übrigens mit Geschichten zum Nachdenken abgeschlossen. Sie bringen den Kapitelinhalt auf den Punkt und sollen das Verstehen des Gelesenen fördern.

Arbeiten Sie das Buch gründlich durch. Finden Sie in den einzelnen Kapiteln heraus, wie Sie Ihre Willensleistung konkret verbessern können. Tragen Sie Ihre Änderungsziele (Was möchte ich ändern?) und Ihre Änderungsmethoden (Wie möchte ich es ändern?) in Ihr Willensprogramm ein (s. Kapitel 9). Setzen Sie es in den Alltag um. Und kontrollieren Sie nach circa sechs Wochen Ihren Trainingserfolg mit Hilfe der Bilanzfragen und der erneuten Einschätzung Ihrer Willensstärke (s. Kapitel 10).

Dokumentieren Sie Ihre Änderungsarbeit in Form von Tagebucheinträgen. Das heißt, schreiben Sie auf, was Sie umgesetzt haben und wie es gewirkt hat. Diese Art der Selbstbeobachtung hat sich in der Trainingspraxis als sehr wirksam erwiesen.

Steigen Sie optimistisch in dieses Willenstraining ein. Beachten Sie, dass der Trainingserfolg nicht nur von den zu erlernenden Strategien und Tipps abhängt, sondern auch von einer positiven Einstellung zum eigenen Willen. Das heißt vor allem: Reden Sie sich nicht ein, einen schwachen Willen zu haben, sondern betrachten Sie ihn als eine durch Lernen veränderbare psychische Funktion.

Ich wünsche Ihnen viel Motivation, positive Erkenntnisse und Erfolge beim Erreichen Ihrer Ziele!

Dr. Gustav Keller

1. Meine Willensstärke

Der Anfang der Selbstbesserung ist Selbsterkenntnis.
BALTHASAR GRACIÀN

Wenn Sie Ihre gegenwärtige Willensstärke genauer einschätzen möchten, sollten Sie den folgenden Analysebogen ausfüllen. Je geringer der ermittelte Punktwert, umso dringlicher ist Ihr Verbesserungsbedarf.

Kreuzen Sie an, in welchem Ausmaß die 15 Aussagen auf Sie zutreffen. Sie haben jeweils vier Antwortalternativen:

4 = Die Aussage trifft auf Sie sehr oft zu.

3 = Die Aussage trifft auf Sie oft zu.

2 = Die Aussage trifft auf Sie manchmal zu.

1 = Die Aussage trifft auf Sie selten zu.

		Sehr oft	oft	manchmal	selten
1.	Ich setze mir klare Ziele.	4	3	2	1
2.	Die Umsetzung von Zielen plane ich gründlich.	4	3	2	1
3.	Den Weg zu einem Ziel teile ich in Etappen ein.	4	3	2	1
4.	Ein gesetztes Ziel verliere ich nicht aus den Augen.	4	3	2	1
5.	Trotz innerer Widerstände gelingt es mir, auf Zielkurs bleiben.	4	3	2	1
6.	Aufgaben, die ich zur Erreichung eines Ziels erledigen muss, schiebe ich nicht auf.	4	3	2	1
7.	Ich kann meinen Willen gezielt anstrengen.	4	3	2	1
8.	Auf dem Weg zum Ziel lasse ich mich von Schwierigkeiten nicht entmutigen.	4	3	2	1
9.	Während ich handle, kann ich meine Konzentration gut steuern.	4	3	2	1

10.	Wenn ich auf Hindernisse stoße, vermehre ich meine Anstrengung.	4	3	2	1
11.	Es fällt mir leicht, zugunsten der Zielerreichung auf etwas zu verzichten.	4	3	2	1
12.	Trotz Verlockungen lasse ich mich von einem Ziel nicht abbringen.	4	3	2	1
13.	Ich kann meine Stimmung zielförderlich beeinflussen.	4	3	2	1
14.	Ich verfüge über ein gutes Durchhaltevermögen.	4	3	2	1
15.	Auf dem Weg zum Ziel bewältige ich Misserfolge rasch.	4	3	2	1

Addieren Sie die angekreuzten Zahlen.

Der Maximalwert beträgt 60 und der Minimalwert 15.

Tragen Sie Ihr Ergebnis in die folgende Skala ein.

15   20   25   30   35   40   45   50   55   60

Um besser zu erkennen, wo Ihre Stärken und Schwächen liegen, können Sie die einzelnen Ankreuzungen miteinander zu einer Linie verbinden. Diese Darstellung nennt man Willens-Profil. Es weist den Weg zur Verhaltensänderung.

Zum Nachdenken

Daiju besuchte den Meister Baso in China. Baso fragte: »Was suchst du?«

»Erleuchtung«, erwiderte Daiju.

»Du hast deine eigene Schatzkammer. Warum suchst du außerhalb?« fragte Baso.

Daiju erkundigte sich: »Wo ist meine Schatzkammer?«

Baso antwortete: »Das, was du fragst, ist deine Schatzkammer.«

Daiju war erleuchtet! Dennoch empfahl er stets seinen Freunden: »Öffnet eure eigene Schatzkammer und benutzt diese Schätze.«

Zen-Geschichte

2. Willenspsychologie

*Willenspsychologie ist der Teilbereich
der Psychologie, der sich mit dem Umsetzen
und Erreichen von Zielen auseinandersetzt.*
PSYLEX.DE

Der Mensch ist ständig Bedürfnissen und Wünschen ausgesetzt, die nach Befriedigung und Erfüllung drängen. Aus dem in uns fließenden »Motivationsstrom« wählen wir die Ziele unseres Handelns aus. Diese sind auf der Zeitachse unterschiedlich platziert. Manche sollen rasch verwirklicht werden, andere erst in weiterer Zukunft. Ein Teil unserer Ziele bezieht sich auf den privaten, ein anderer auf den beruflichen Bereich.

Nicht alle Ziele setzen wir uns selbst. Außerhalb der Privatsphäre, insbesondere am Arbeitsplatz, werden uns Ziele vorgegeben. Diese entsprechen nicht immer unserer Motivation. Bisweilen ist das Missverhältnis zwischen dem fremdbestimmten Ziel und der Motivation so groß, dass Widerwillen entsteht.

Sich persönliche Ziele zu setzen ist nicht schwer. Unsere Motivation hierzu geht uns selten aus. Wesentlich schwieriger ist es, Ziele ins Handeln umzusetzen. Vor allem dann, wenn wir Gewohnheiten aufgeben, uns anstrengen und Hindernisse überwinden müssen, tun sich Umsetzungsbarrieren auf. In solchen Situationen ist eine psychische Funktion vonnöten: der Wille.

Renaissance des Willens

Der Begriff des Willens ist inzwischen
wieder respektabel geworden.
HEINZ HECKHAUSEN

In den ersten Jahrzehnten des 20. Jahrhunderts gab es noch ein Teilgebiet der Psychologie, das sich intensiv mit dem Willen und den Willensvorgängen beschäftigte. Der prominenteste Willenspsychologe war Narziss Ach (1872-1946).[1] Er war der Pionier der Willensforschung und entwickelte Methoden zur Untersuchung der Willensstärke. Er erforschte jene mentalen Prozesse, die eine Realisierung von Absichten bewirken. Den Willen definierte er als »ein ernstes und wiederholtes Wollen, das gegen äußere oder innere Hemmnisse mit Energie vorgeht und sie durch Erfolg überwindet«.[2] Das Verhältnis von beabsichtigtem und tatsächlichem Ergebnis der Willenshandlung bezeichnete er als Wirkungsgrad des Wollens.

Nach dem Tod von Narziss Ach wurde der Willensbegriff in der wissenschaftlichen Psychologie immer seltener gebraucht. Zum einen lag dies daran, dass im Persönlichkeitsmodell der Psychoanalyse der Wille keine Berücksichtigung mehr fand. Was die Person und deren Handeln steuert, war für Sigmund Freud das Ich. Eine Persönlichkeitsinstanz, die aus seiner Sicht im Spiel der seelischen Kräfte nicht den starken Part spielt. Für ihn waren die Triebe beziehungsweise das Unbewusste die mächtigen Determinanten des menschlichen Handelns. Seine pessimistische Sicht von der menschlichen Selbstkontrolle gipfelte in der Feststellung, dass »das Ich nicht Herr sei in seinem eigenen Haus«.[3]

Ebenso wenig hielt die Verhaltenspsychologie vom Willen. Ihre Anhänger vertraten eine mechanistische Auffassung vom Menschen. Für sie galt nur das äußerlich sichtbare Verhalten. Gemäß ihrer Theorie bestand es großenteils aus angeborenen und erlernten Reiz-Reaktions-Mechanismen. Nicht beobachtbare innere Vorgänge wie der Wille hatten in ihrem Konzept keinen Platz. Der Willensbegriff verschwand weitgehend aus dem Fachwortschatz der Psychologie. Die damals herrschende Auffassung bezeichnet man als deterministisch. Das heißt, menschliches Handeln ist großenteils vorherbestimmt und die Annahme eines freien Willens eine Illusion.

In den achtziger Jahren kehrte der Wille, fachsprachlich auch Volition genannt, als Forschungsgegenstand in das psychologische Fachgebiet zurück. Ihm wurde wieder eine wichtige Position im psychischen Geschehen zugewiesen. Die Renaissance der Willenspsychologie haben wir den Neurowissenschaften zu verdanken. Sie begann mit den bahnbrechenden Untersuchungen der Neurologen Hans

Helmut Kornhuber und Lüder Deecke.[4] Diese entdeckten Mitte der sechziger Jahre das Bereitschaftspotenzial. Es handelt sich um ein messbares Hirnpotenzial, das vor willentlichen Bewegungen auftritt. Ähnliche Ergebnisse erbrachten die Experimente des Physiologen Benjamin Libet.

Einige seiner Interpreten leiteten aus dem Phänomen des Bereitschaftspotenzials fälschlicherweise die Schlussfolgerung ab, dass der freie Wille nicht existiert. Überspitzt formuliert: Das Gehirn entscheidet unbewusst, wie zu handeln ist. Diese radikal-deterministische Interpretation wird heutzutage von der Hirnforschung weitgehend verworfen. Wie der Hirnforscher Joachim Bauer zu Recht konstatiert, kann der Mensch eine als Bereitschaftspotenzial hirnbildlich erkennbare Handlungsentscheidung abbrechen.[5] Der Wille ist relativ frei. Der Mensch ist keine Marionette unbewusster Prozesse.

Psychische Funktion des Willens

Wille ist vernünftige Selbstführung des Menschen.
HANS HELMUT KORNHUBER

Neurowissenschaftlich klar ist inzwischen, dass der Wille seinen Sitz im präfrontalen Kortex hat. Dieser vorderste Teil des Frontallappens wurde im Verlauf der Evolution des Menschen immer größer. Er umfasst circa ein Drittel der Großhirnrinde und ist mit vielen anderen Hirnbereichen verbunden. Im präfrontalen Kortex vollzieht sich die Willenstätigkeit.

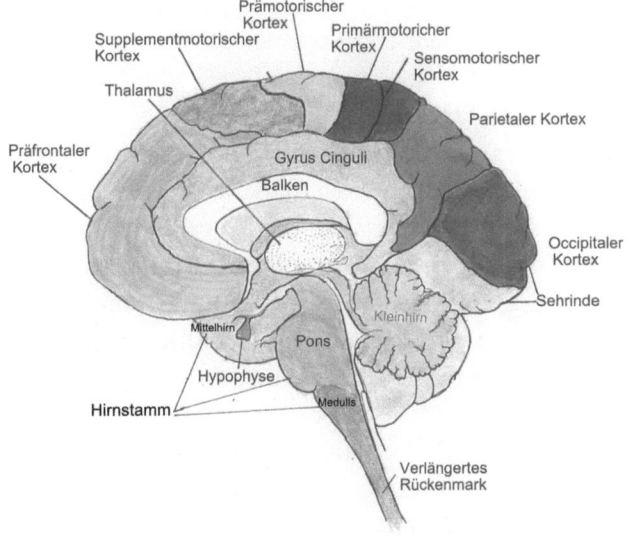

Präfrontaler Kortex an der Stirnseite des Gehirns

Der Wille ist eine psychische Grundfunktion. Er steuert die Aufmerksamkeit, überwacht das psychische Geschehen, hemmt nötigenfalls Impulse und Emotionen und teilt den einzelnen Hirnfunktionen Aufgaben zu. Und er befähigt den Menschen zur Selbststeuerung und zum selbstständigen Handeln. Das heißt, er kann sich für eine Handlungsalternative entscheiden, Handlungen planen oder auch darauf verzichten zu handeln. Tritt der Wille in Aktion, ist dies etwas anderes als das rasche Reagieren. Die Willensvorgänge stehen unter bewusster geistiger Kontrolle.

»Wenn wir willentlich handeln, erleben wir uns als Urheber unserer Handlungen und haben normalerweise den Eindruck, dass unsere Handlungen durch unsere bewussten Absichten (und nicht durch verborgene oder außerhalb uns liegende Kräfte) ausgelöst werden.«[6]

Die Willensstärke hängt von zwei Willensfaktoren ab. Zum einen ist es die Willenssteuerung mithilfe von Willenstrategien. Zum anderen ist es die Willenskraft – in den Worten des Willensforschers Roy Baumeister der »Willenskraft-Muskel«.[7] Dieser Faktor liefert den Kraftstoff für die neuronalen Steuerungsvorgänge im präfrontalen Kortex. »Ohne Energie sind die besten Schaltkreise nutzlos, im Computer genauso wie im Gehirn.«[8]

Die Willenskraft steht uns nicht unbegrenzt zur Verfügung. Willensprozesse beanspruchen viel Energie. Die Willenskraft schwindet im Verlauf von Willensanstrengungen genauso wie ein körperlicher Muskel ermüdet. Roy Baumeister spricht diesbezüglich von Ich-Erschöpfung.

Wenn der präfrontale Kortex verletzt wird, kommt es zu gravierenden Willensstörungen bis hin zum Verlust der Willensfähigkeit. Dies lässt sich an der Fallgeschichte des amerikanischen Eisenbahnarbeiters Phineas Gage aufzeigen. Bei einer Sprengung drang eine Eisenstange durch den Kopf und verletzte seinen präfrontalen Kortex schwer. Seine Sinneswahrnehmung wurde dadurch erstaunlicherweise nicht beeinträchtigt, wohl aber seine Persönlichkeit.

Stark reduziert waren vor allem seine Fähigkeit zur Handlungsplanung und die Impulskontrolle.

Entwicklung des Willens

Verzicht nimmt nicht, Verzicht gibt.
MARTIN HEIDEGGER

Der Wille bildet sich wie andere psychische Funktionen im Prozess der menschlichen Entwicklung heraus. Eine wichtige Voraussetzung für eine positive Willensentwicklung ist das Aushalten von Bedürfnisspannungen und der Aufschub von Belohnungen. Dies fand Walter Mischel in seinen weltberühmten Marshmallow-Experimenten heraus.[9]

Mischels Versuchspersonen waren 4-6jährige Kinder. Sie hatten in seinen Versuchen die Wahl, die Süßigkeit Marshmallow sofort zu erhalten oder die Belohnung 20 Minuten aufzuschieben. Für den Fall, dass sie diese Wartezeit aushalten sollten, bekamen sie zwei Marshmallows. Jene Kinder, denen der Belohnungsaufschub gelungen war, zeigten später bessere Schul-, Studier- und Berufsleistungen. Insgesamt wiesen sie mehr Willensstärke auf als die schlechten Belohnungsaufschieber. Dies war auch aus den Aktivitätsmustern ihres präfrontalen Kortex zu ersehen.

Hat der Mensch genügend Willensstärke entwickelt, verfügt er, so Walter Mischel, über ein kühles System[10]. Darunter ist die Fähigkeit zum rationalen Handeln und zum Hemmen von Impulsen und Emotionen zu verstehen. Es kann dem heißen System[11], das nach unmittelbarer Triebbefriedigung und nach Lustgewinn strebt, Paroli bieten. Versuchungen und Verlockungen haben es dann schwerer, den präfrontalen Kortex auszutricksen.

Zur Verdeutlichung von Walter Mischels System-Modell dient die Ross-Reiter-Metapher, die schon von Platon verwendet wurde. Das Ross entspricht dem triebgeleiteten heißen System. Der Reiter verkörpert das vernunftgeleitete kühle System, welches das Ross zügelnd zum erwünschten Ziel führt.

Willentliches Handeln

Ohne guten Willen geht es nicht.
JULIUS KUHL

Erkenntnisse darüber, wie aus der Motivation ein willentliches, zielerreichendes Handeln wird, wurden von den Motivationsforschern Heinz Heckhausen und Peter Gollwitzer gewonnen und im Rubikon-Modell zusammengefasst.[12]

Warum die Metapher »Rubikon« als Modell-Namen verwendet wurde, hatte folgenden Grund. Im Jahre 49 vor Christus setzte sich Gaius Julius Caesar zum Ziel, in Rom die Macht zu ergreifen. Als er mit seinem Heer von Gallien zurückkehrte, wurde mit dem Überschreiten des Grenzflusses Rubikon aus seinem Machtstreben ein Machthandeln. Er verkündete: »Der Würfel ist gefallen.« Für ihn gab es auf dem Weg zum Ziel kein Zurück mehr. Was sich damals ereignete, ist die willentliche Umsetzung einer Motivation ins Handeln.

Im experimentell bestätigten Rubikon-Modell werden vier Phasen unterschieden:

Vor-Entscheidungsphase: Wünsche und Bedürfnisse drängen nach Handlung. Durch Abwägen nach den Kriterien Wünschbarkeit und Erreichbarkeit wird entschieden, welche Motivation beziehungsweise welches daraus resultierendes Ziel den Vorzug erhält. Dies führt letztlich zu einem Entschluss beziehungsweise einer Absicht. Und damit ist der Rubikon überschritten.

Planungsphase: Häufig lässt sich die Absicht jenseits des Rubikon nicht sofort in eine Tat umsetzen. Deshalb muss genauer geplant werden, wie die Absicht, ein Ziel zu erreichen, verwirklicht werden kann. Hierzu werden konkrete Schritte entwickelt. Diese enthalten Vorsätze in Wenn-dann-Form (Wenn Situation X, dann Handlung Y). Ergebnis dieser Entwicklungsarbeit ist ein Handlungsplan.

Handlungsphase: Die Handlung wird gestartet und der Handlungsplan umgesetzt. Während der Ausführung des Plans muss die handelnde Person ihr Ziel im Auge behalten. Die Zielerreichung steht und fällt nach den Erkenntnissen des Motivationsforschers Julius Kuhl mit einer willensstrategischen Handlungskontrolle.[13] Sie schützt den Handelnden vor Ablenkungen und konkurrierenden Handlungstendenzen. Der Einsatz von Handlungskontroll-Strategien geht mit der Aktivierung des präfrontalen Kortex einher.

Bewertungsphase: Das Handlungsergebnis wird einer Erfolgskontrolle unterzogen. Es wird bewertet, ob und in welchem Maße das gesetzte Ziel erreicht wurde. Ebenso wird überlegt, ob das dem Handeln zugrunde liegende Motiv befriedigt worden ist. Falls ein Misserfolg vorliegt, wird diesem auf den Grund gegangen. Möglicherweise werden weitere Handlungen durchgeführt, um den erwünschten Zielzustand herzustellen. Je nachdem, wie die Bewertung ausgefallen ist, wird das Handeln fortgesetzt. Einer korrigierten Zielsetzung folgt ein neuer Handlungsplan, mit dem ein anderes Handlungsergebnis verwirklicht werden soll.

Das Rubikon-Modell ist nicht so zu verstehen, dass alle vier Phasen unmittelbar aufeinanderfolgen. Die Absicht beziehungsweise der Vorsatz, ein Ziel zu erreichen, lässt sich häufig nicht sofort verwirklichen. Beispielsweise, weil die Gelegenheit dazu fehlt oder die rasche Verwirklichung schwierig ist. In diesem Fall wird das Ziel zunächst mental geparkt. Julius Kuhl nennt den Ort Absichtsgedächtnis[14]. Die gespeicherte Absicht erzeugt einen psychischen Spannungszustand, der sich erst nach der Zielerreichung auflöst.

Zum Nachdenken

Der Wille ... ist eher mit einem Oberbefehlshaber zu vergleichen. Das Denken besorgt für den heutigen Oberbefehlshaber in der Hauptsache der Generalsstab. Dieser legt ihm seine Pläne vor und zeigt ihm Vorteile und Bedenken eines jeden Planes. Der Oberbefehlshaber jedoch gibt sein Ja zu dem vorgelegten Plan und übernimmt die Verantwortung für dessen Ausführung. Ist dieses Ja gesprochen, so laufen die erforderlichen Teilbefehle durch den Draht an die übrigen Stäbe, von da zu den Truppen und von dem Kommando-Wort der unteren Führer bis in die Muskeln der Mannschaften. Das Ja des Oberbefehlshabers hat das ganze, weithin bemerkbare Leben in die Linien gebracht. Und doch so wirkungsvoll sich dieses Ja im Augenblick erweist, so vielfach ist es von Bedingungen abhängig, deren Erfüllung nicht beim Oberbefehlshaber steht. Im Gegenteil: Je umfassender, gewaltiger sich das Ja des Generalissimus auswirkt, desto zahlreicher werden die Bedingungen, über die er nicht absoluter Herr ist: Kampfmittel, Kampfmethoden, Truppen und Truppenschulung und endlich die verschiedenen Arten der Verbindung mit den Truppen. Gebricht es an einem, und risse auch nur der Telefondraht, so wäre der Oberbefehlshaber ein hilfloser Mann. Er könnte sein »Ich will« noch so laut und noch energisch sprechen: es rührte sich nichts von der Stelle. Ist aber alles bis zum Letzten vorgesehen und bereit, so braucht es nur die ruhige Entscheidung; jegliche Pose ist überflüssig. Die Anwendung auf das »Ich will« liegt auf der Hand.

Johannes Lindworsky[15]

3. Willensprobleme

Ist einmal bestimmt, was das Ziel sein soll, so ist der Weg
dazu leicht gefunden; aber diesen Weg unverrückt zu ver-
folgen, den Plan durchzuführen, ... das erfordert außer
einer großen Stärke des Charakters eine große Klarheit und
Sicherheit des Geistes; und von tausend Menschen, wird
vielleicht nicht einer die Eigenschaften in sich vereinigen, die
ihn über die Linie des Mittelmäßigen erheben.
CARL VON CLAUSEWITZ

Der Wille ist keine störungsfreie psychische Funktion. Immer wieder passiert es, dass er uns im Stich lässt. Schon in der Antike wurde die mangelnde Selbststeuerung als ein zentrales Problem des menschlichen Handelns beklagt. Die griechischen Philosophen prägten dafür den Begriff Akrasia. Ins Deutsche übersetzt bedeutet er Willensschwäche. Anschaulich und zutreffend beschrieben wird die Akrasia in der Tragödie Hippolytos des griechischen Dichters Euripides:

»Schon oft bedachte ich in langer Nacht,
was unser Menschendasein so verdirbt,
und ich erkannte: nicht der Unverstand

ist Wurzel allen Übels – Einsicht fehlt
den meisten nicht, ganz anders liegt der Grund:
Was recht ist, sehen wir und wissen wir
und tun es doch nicht, sei's aus Lässigkeit,
sei's weil die Lust des Augenblicks das Werk
verdrängt, und mancherlei Verlockung gibt's …«[16]

Der Begriff »Willensschwäche« ist in der Alltagssprache der Gegenwart weiterhin präsent. Auch in manchen Fachsprachen macht man von ihm Gebrauch. Beispielsweise, wenn ein Gericht zum Schluss kommt, dass eine Person aufgrund einer attestierten hirnorganischen oder psychischen Erkrankung nicht mehr in der Lage ist, selbstbestimmt zu handeln.

Für das, was uns im Alltag an misslungener Zielerreichung widerfährt, ist der Begriff »Willensproblem« geeigneter. Willensprobleme treten häufig dann auf, nachdem man sich Ziele gesetzt hat. Als typische Beispiele seien genannt:

- Gewichtsabnahme
- Tabakentwöhnung
- Weniger Alkohol
- Weniger Geldausgaben
- Eigene vier Wände
- Aufräumaktion (Schreibtisch)
- Brief/E-Mail beantworten
- Entrümpelung der Wohnung
- Steuererklärung erstellen
- Weniger Fernsehkonsum

- Weniger Internetkonsum
- Mehr Zeit für die Familie
- Mehr Bewegung und Sport
- Konstruktivere Konfliktbewältigung
- Berufliche Weiterqualifizierung
- Jobwechsel
- Erweiterung des privaten Netzwerkes
- Übernahme eines Ehrenamts
- Vorbereitung einer Prüfung.

Besonders häufig nimmt man sich Ziele vor dem Beginn eines neuen Jahres vor. Diesbezüglich ist von Neujahrsvorsätzen die Rede. Die Krankenversicherung DAK beauftragt seit einigen Jahren das Meinungsforschungsinstitut FORSA, mittels einer bundesweiten Repräsentativ-Befragung die guten Wünsche im Hinblick auf das kommende Jahr zu erheben. Für 2017 ergab sich folgendes Bild:[17]

Platz 1: Stress vermeiden oder abbauen (59 Prozent)
Platz 2: Mehr Zeit für Familie/Freunde (58 Prozent)
Platz 3: Mehr bewegen/Sport (53 Prozent)
Platz 4: Mehr Zeit für sich selbst (48 Prozent)
Platz 5: Gesünder ernähren (47 Prozent)
Platz 6: Abnehmen (30 Prozent)
Platz 7: Sparsamer sein (28 Prozent)
Platz 8: Weniger Handy, Computer, Internet (18 Prozent)
Platz 9: Weniger fernsehen (15 Prozent)
Platz 10: Weniger Alkohol (12 Prozent)
Platz 11: Rauchen aufgeben (9 Prozent)

Aus dieser Studie ging auch hervor, dass etwas mehr als die Hälfte der Befragten in den ersten vier Monaten und auch einige Zeit darüber hinaus die Vorsätze beherzigen. Ob daraus eine langzeitliche Zieltreue im Sinne einer stabilen Verhaltensänderung wird, ist zweifelhaft.

Die Umsetzung solcher Ziele scheitert oft an einer Symptomatik, die man als Aufschieberitis oder in gesteigerter Form als Prokrastination bezeichnet.[18] Eine zentrale Ursache dieser Umsetzungsprobleme ist die Unfähigkeit, das eigene Handeln willentlich zu kontrollieren. Dieser Mangel bewirkt, dass wir Vorsätze nicht verwirklichen, uns Aufgaben entziehen und in eine Erledigungsblockade geraten. Alles ist augenblicklich angenehmer als das, was wir tun sollten.

Dass diese selbstdisziplinarischen Probleme auftreten, hängt auch damit zusammen, dass das limbische System (Gefühls- und Triebhirn) uns nach Unlustvermeidung streben lässt. Es mag nur das, was augenblicklich angenehm und belohnend ist. Unser Gehirn tut sich mit der Triebabwehr schwer. Die Nervenverbindungen, auf denen uns limbische Impulse zum Aufschieben drängen, sind stärker als diejenigen, die wir zu deren Kontrolle benutzen.[19]

Als Allegorie für die Aufschieberitis wird häufig der Ausdruck innerer Schweinehund gewählt. Weit verbreitet wurde dieses Sinnbild durch den Bestseller »So zähmen Sie Ihren inneren Schweinehund! Vom ärgsten Feind zum besten Freund.« Der Autor dieses Buches, Marco von Münchhausen, bezeichnet den inneren Schweinehund als »äußerst kreativ im Produzieren von Ausreden«.[20]

Etwas aufzuschieben, verschafft uns kurzfristig Erleichterung. Man ist froh, die unangenehme Tätigkeit nicht ausführen zu müssen. Stattdessen verrichtet man momentan angenehme Ausweichaktivitäten, die weder wichtig noch dringlich sind. Verhängnisvoll ist, dass das, was uns vom mühsamen Weg weglockt, kurzfristig vom Gehirn als Belohnung erlebt wird. Die Folge ist eine Ausschüttung des Neurotransmitters beziehungsweise Wohlfühl-Hormons Dopamin.

Nicht selten tun sich Aufschieber mit Leidensgenossen zusammen, um ihr Symptom zu pflegen. Dies verschafft zwar Erleichterung nach dem Motto »Geteiltes Leid ist halbes Leid«, verstärkt letztlich aber die Willenshemmung.

Über kurz oder lang stören Gewissensbisse die Stimmung. Auf der inneren Leinwand erscheinen drohende Nachteile und Misserfolge. Ängste überkommen den Aufschieber. Er nimmt sich vor, die Absichten nun endlich zu realisieren. Manchen Menschen gelingt in dieser Situation eine erfolgreiche Selbstüberwindung. Andere schieben die unangenehme Tätigkeit weiter vor sich her, bis negative Konsequenzen empfindlichen Schaden anrichten. Beispielsweise dergestalt, dass man finanzielle Einbußen erleidet, den Job verliert oder eine Prüfung nicht besteht.

Die Aufschieberitis ist weit verbreitet. Sie ist menschlich, allzu menschlich. Es gibt niemanden, dem dieses Willensproblem fremd wäre. Dennoch gibt es wichtige interindividuelle Unterschiede. Aufschieber gehören nämlich einem Persönlichkeitstyp an, dem Julius Kuhl die Bezeichnung »Lageorientierung« verliehen hat. Lageorientierten »Menschen fällt es schwer, an eine Handlung zu denken, wenn sie in Schwierigkeiten oder unter Stress geraten, sie konzentrieren sich dann zu sehr auf ihre derzeitige Lage und neigen zum Zaudern und Grübeln …«[21] Personen, die solche Schwierigkeiten nicht aufweisen, sind in Kuhls Konzept die Handlungsorientierten. Sie sind umsetzungskompetent und packen Aufgaben rechtzeitig und beherzt an. Sie sind zielstrebig und wissen, wie man mit dem inneren Schweinehund wirksam umgeht.

Wenn Ihnen Willensprobleme immer mal wieder die Zielerreichung erschweren, ziehen Sie daraus nicht den resignativen Schluss: »Es ist mir misslungen, weil ich willensschwach bin.« Dies führt zu einer sich selbst erfüllenden Prophezeiung. Sie können mehr Willensstärke erreichen, wenn Sie sich Willensstrategien gezielt aneignen und Ihren Willenskraft-Muskel trainieren (siehe Kapitel 4 und 5).

Übung

Bevor Sie sich Willensstrategien zur Bewältigung Ihrer Aufschieberitis aneignen, ist eine Aufschubanalyse angezeigt. Verschaffen Sie sich über die Erscheinungsformen und Ursachen Ihres Aufschubverhaltens genaueren Aufschluss. Dazu sollen Ihnen die folgenden Fragen hilfreich sein.

Was schieben Sie in Ihrem Alltag immer wieder auf?

In welche Ausweichaktivitäten flüchten Sie sich?

Welche Gedanken gehen Ihnen durch den Kopf?

Welche Gefühle löst das Aufschieben kurzfristig aus? Welche Gefühle langfristig?

Wie lange dauert es, bis Sie Gewissensbisse bekommen?

Welche äußeren Bedingungen begünstigen Ihr Aufschubverhalten?

Welche inneren Bedingungen begünstigen Ihr Aufschubverhalten?

Was haben Sie bisher unternommen, um Ihre Aufschieberitis zu überwinden?

Welche Maßnahme war erfolgreich?

Wann tritt die Aufschieberitis nicht auf?

Zum Nachdenken

Der französische Schriftsteller Marcel Proust litt an chronischer Prokrastination. Sein Leiden schilderte er in seiner fiktiven Autobiografie »Auf der Suche nach der verlorenen Zeit«. Der Ich-Erzähler gibt stellvertretend für ihn Einblick in seine Arbeitsstörung:

Wäre ich weniger entschlossen gewesen, mich endgültig an die Arbeit zu begeben, hätte ich vielleicht einen Vorstoß gemacht, gleich damit anzufangen.

Da aber mein Entschluss in aller Form gefasst war und noch vor Ablauf von vierundzwanzig Stunden in dem leeren Rahmen des morgigen Tages meine guten Vorsätze leichthin sich verwirklichen würden, war es besser, nicht einen Abend, an dem ich weniger gut aufgelegt war, für den Beginn zu wählen, dem die folgenden Tage, ach! sich jedoch leider ebenfalls nicht günstiger zeigen sollten.

Aber ich riet mir selbst zur Vernunft.

Von dem, der Jahre gewartet hatte, wäre es kindisch gewesen, wenn er nicht noch einen Aufschub von drei Tagen ertrüge.

In der Gewissheit, dass ich am übernächsten Tag bereits ein paar Seiten geschrieben haben würde, sagte ich meinen Eltern nichts von meinem Entschluss;

ich wollte mich lieber noch ein paar Stunden gedulden und dann meiner getrösteten und überzeugten Großmutter das im Fluss befindliche Werk vorweisen.

Unglücklicherweise war der folgende Tag auch nicht der den Dingen zugewendete, aufnahmebereite, auf den ich fieberhaft harrte.

Als er zu Ende gegangen war, hatten meine Trägheit und mein mühevoller Kampf gegen gewisse innere Widerstände nur vierundzwanzig Stunden länger gedauert.

Und als dann nach mehreren Tagen meine Pläne nicht weiter gediehen waren, hatte ich nicht mehr die gleiche Hoffnung auf baldige Erfüllung, aber daraufhin auch weniger das Herz, dieser Erfüllung alles andere hintanzustellen:

Ich fing wieder an, nachts lange aufzubleiben, da ich nicht mehr, um mich des Abends zu frühem Schlafengehen zu zwingen, die feste Voraussicht des am folgenden Morgen begonnenen Werkes in mir fand.

Ich brauchte, bevor mein Schwung wiederkehrte, mehrere Tage der Entspannung, und das einzige Mal, als meine Großmutter in sanftem, traurig enttäuschtem Ton einen leisen Vorwurf in die Worte kleidete:

»Nun? Und diese Arbeit, an die du gehen wolltest – ist davon gar keine Rede mehr?« war ich böse auf sie, überzeugt, dass sie, in Unwissenheit darüber, dass mein Entschluss unwiderruflich gefasst war, seine Ausführung noch einmal und diesmal auf lange Zeit vertagt habe infolge der enervierenden Wirkung, die ihre Verkennung auf mich ausübte und in deren Zeichen ich mein Werk nicht beginnen wollte.

Sie spürte, dass sie mit ihrer Skepsis unbewusst einen Entschluss empfindlich getroffen hatte.

Sie entschuldigte sich und küsste mich mit den Worten: »Verzeih mir, ich sage bestimmt nichts mehr.«

Damit ich den Mut nicht verlöre, versicherte sie mir, sobald ich mich richtig wohl fühle, werde sich die Arbeitslust ganz von allein einstellen.[22]

4. Willensstrategien

Wenn du willst, so kannst du alles;
nur musst du wollen können.
JOHANNES LINDWORSKY

Die Umsetzung von Zielen gelingt nur, wenn Sie sich selbst wirksam führen können. Wie in Kapitel 2 beschrieben, findet diese mentale Führungstätigkeit im präfrontalen Kortex statt. Dort befindet sich das Cockpit, von dem aus unser Handeln willentlich gesteuert wird. Die Steuerungsmittel werden auch als Willensstrategien bezeichnet. Auf der Wegstrecke von der Absicht zum Ziel gibt es verschiedene Steuerungsphasen, in denen Sie spezifische Willensstrategien zielförderlich einsetzen können.

Zielsetzung

Ein Ziel richtig gesetzt ist halb erreicht.
KARL PILSL

Ziele sind wünschenswerte Zustände in der Zukunft. Wenn diese unklar und schwammig formuliert werden, scheitern sie häufig. Dem können Sie mit der Zielsetzungsmethode SMART entgegenwirken. Die in dieser Abkürzung enthaltenen Kriterien lauten:

Spezifisch: Das Ziel ist eindeutig und präzise.
Messbar: Das Ziel ist messbar.
Attraktiv: Das Ziel ist erstrebenswert.
Realistisch: Das Ziel ist erreichbar.
Terminiert: Das Ziel hat einen Zeitrahmen.

Angenommen, Sie möchten sich künftig mehr bewegen. Dieses Ziel ist ein legitimes gesundheitsförderliches Ziel. Allerdings ist es sehr allgemein und unverbindlich. Es erzeugt wahrscheinlich nur wenig Zugkraft. Damit es von der Wunsch- auf die Handlungsebene umgesetzt wird, bedarf es einer klaren Zielsetzung. Diese könnte lauten:

»Ich möchte mich mehr bewegen, indem ich pro Woche drei längere Spaziergänge unternehme. Ich kaufe mir einen Schrittzähler, der am Ende eines Spaziergangs mindestens 10 000 Schritte anzeigen soll. Ich fühle mich von diesem Ziel positiv herausgefordert und betrachte es als erreichbar. Das Trainingsprogramm möchte ich ab morgen zwei Monate lang erproben und dann Bilanz ziehen.«

Vergessen Sie auch nicht, Ihre Zielsetzung kritisch zu prüfen. Der Verhaltenstherapeut Frank Ryan schlägt hierfür eine Selbstbefragung vor, die er Three Ps (Priority, Preparation, Performance) nennt:[23]

Wie wichtig ist das Ziel für mich?

Gar nicht	etwas	weiß nicht	viel	sehr viel
1	2	3	4	5

Wie bereit bin ich für die Zielerreichung?

Gar nicht	etwas	weiß nicht	viel	sehr viel
1	2	3	4	5

Wie leistungsfähig bin ich für die Umsetzung meines Ziels?

Gar nicht	etwas	weiß nicht	viel	sehr viel
1	2	3	4	5

Liegen Ihre Einstufungen in den Bereichen 4 und 5, packen Sie die Zielerreichung an. Ansonsten sollten Sie nochmals in sich gehen und überlegen, ob und wie Sie die momentan fehlenden Voraussetzungen schaffen können.

Übung

Wählen Sie ein Ziel aus, das Sie gerne erreichen möchten. Dies dürfte Ihnen nicht schwerfallen. Damit Sie es leichter erreichen können, bedarf es der Konkretisierung. Ein guter Vorsatz reicht nämlich nicht aus.

Konkretisieren Sie Ihr Ziel nach den Kriterien der SMART-Methode. Oder kurz und gut: Machen Sie es »smarter«:

Spezifisch
Messbar
Attraktiv
Realistisch
Terminierbar

Zielbindung

Wenn der Mensch in Bewegung ist, so ersinnt er sich immer ein Ziel dieser Bewegung. Um tausend Werst zu gehen, muss sich der Mensch notwendig vorstellen, dass am Ende dieser tausend Werst sich etwas Gutes befinde. Man muss die Vorstellung von einem gelobten Land haben, um die Kraft zu besitzen, die Bewegung fortzusetzen.
LEO TOLSTOI

Das Ausmaß, in dem Sie sich einem Ziel verpflichtet fühlen, nennt man Zielbindung. Je stärker die Zielbindung ausgeprägt ist, desto besser gelingt Ihnen die Zielerreichung. In ihr kommt die Entschlossenheit, mit der ein Ziel angestrebt wird, zum Ausdruck.

Eine feste Zielbindung entsteht durch die lebhafte Vorstellung vom Zustand, den Sie anstreben, und zwar in Form eines Zielbildes. Dieses beruht auf der Verschaltung von Nervenzellen in der rechten Gehirnhälfte.

Wichtig ist, dass Sie diese Zielbilder mit positiven Gefühlen wie Zufriedenheit, Freude oder Stolz verknüpfen. Starke emotionale Zielbilder werden im Gehirn nachhaltig verankert. Sie »wirken ständig aus dem Hintergrund heraus, also auch dann, wenn wir bewusst gar nicht an das Ziel denken:«[24] Und sie bleiben somit auch in Ihrem Absichtsgedächtnis präsent.

Übung

Entwerfen Sie von einem wünschenswerten Ziel ein inneres Bild.

Schließen Sie die Augen und stellen Sie sich den Zielzustand konkret vor. Verknüpfen Sie Ihr Bild mit positiven Gefühlen. Darüber hinaus können Sie dieses auch durch ein äußeres Bild zum Ausdruck bringen. Das heißt, Sie skizzieren oder malen den Zielzustand.

Handlungsplanung

Die Kunst, Pläne zu machen, besteht darin,
den Schwierigkeiten ihrer Ausführung
zuvorzukommen.
LUC DE CLAPIERS VAUVENARGUES

Der Weg, den Sie in Richtung Ziel beschreiten möchten, bedarf ebenso wie die Zielsetzung der Konkretisierung. Folgen Sie nicht Ihrem Bauchgefühl, sondern einem durchdachten Handlungsplan. Diese Vorgehenshilfe zeigt Ihnen, in welchen zeitlich geordneten Schritten Sie das Ziel erreichen können. Ihre Handlungsschritte müssen einfach formuliert und umsetzungstauglich sein.

Wenn für Sie das Aufschieben ein ernsthaftes Problem ist, sollten Sie die Zeiteinheiten Ihres Handelns zunächst zeitlich eingrenzen, aber innerhalb dieser wirksam arbeiten. Erhöhen Sie dann stufenweise die Länge der Zeiteinheiten. In dem an der Universität Münster entwickelten Anti-Prokrastinationsprogramm wird diese Strategie als Arbeitszeitrestriktion bezeichnet.[25] Diese kleinen Schritte erhöhen die Wahrscheinlichkeit von Anfangserfolgen, die Ihre Motivation in Schwung bringen.

Besonders wichtig bei der Handlungsplanung ist es, dass Sie überlegen, welche inneren Widerstände die Zielerreichung gefährden könnten. Diese Technik heißt in der Fachsprache der Willenspsychologie mentales Kontrastieren.[26] Wenn Sie die möglichen Barrieren herausgefunden haben, denken Sie sich Lösungen in Form von Wenn-dann-Plänen aus:

»Wenn sich bei mir Heißhunger meldet, trinke ich ein Glas Mineralwasser.«

»Wenn mir eine Zigarette angeboten wird, sage ich entschieden Nein.«

»Wenn das Wetter es erlaubt, fahre ich mit dem Rad zur Arbeit.«

Fixieren Sie Ihren Handlungsplan stichwortartig schriftlich. Ziele und Schritte, die Sie nur im Kopf haben, verschwinden rasch von Ihrer inneren Leinwand. Sie werden vergessen oder verdrängt. Letzteres bewirkt häufig der innere Schweinehund.

Auch wenn Sie Ihren Handlungsplan detailliert entworfen haben, ist eine abschließende mentale Übungsphase angebracht. Das heißt, Sie spielen den Handlungsweg mental durch. Dieses Probehandeln erleichtert Ihnen die spätere Handlungsausführung.

Gabriele Oettingen hat die einzelnen Strategien der Handlungsplanung im WOOP-Modell zusammengefasst.[27] Demnach erfolgt die Planerstellung in vier Schritten:

Wish: Wählen Sie ein Ziel, das Sie zu erreichen wünschen.

Outcome: Stellen Sie sich ein konkretes Ergebnis vor, das mit der Zielerreichung verknüpft ist.

Obstacle: Überlegen Sie, was das größte Hindernis auf dem Weg zum Ziel sein könnte.

Plan: Finden Sie in Form von Wenn-dann-Regeln heraus, wie das Hindernis zu bewältigen ist.

Hilfreich kann es schließlich auch sein, wenn Sie eine Person finden, die das Ziel bereits erreicht hat. Legen Sie dieser Ihren Plan dar und bitten Sie sie um ein Feedback. Deren Erfahrungen sind möglicherweise sehr nützlich, um Fehler zu vermeiden.

Übung

Wenden Sie auf das Ziel, das Sie in der vorherigen Übung ausgewählt haben, die letzten beiden Schritte des WOOP-Modells an.

Was ist aus Ihrer Sicht das Haupthindernis?

Denken Sie sich einen Wenn-dann-Plan aus, mit dem Sie das Hindernis überwinden könnten.

Handlungsstart

Jede eigentliche Willenshandlung
setzt ein mit einem besonderen Akt,
dem Willensruck.
WILLIAM STERN

Ein wesentliches Merkmal wirksamer Willenssteuerung ist der Entschluss, eine Handlung zu starten.[28] Diese Initialzündung bereitet vielen Menschen Schwierigkeiten. Trifft das auch auf Sie zu, können Sie diese mit Startstrategien überwinden. Aktivieren Sie zunächst Ihr zugkräftiges Zielbild, um Ihre Energien zu mobilisieren. Legen Sie danach einen exakten Starttermin (Tag, Uhrzeit) fest. Dies ist die Deadline, die Sie nicht überschreiten dürfen. Und machen Sie sich nochmals bewusst, welche Folgen ein Startabbruch für Sie hätte. Damit Ihnen die Zündung gut gelingt, geben Sie Ihrer Handlung mit Hilfe von Selbstsuggestionen einen kraftvollen Anstoß:

»Nicht warten, sondern starten!«
»Jetzt pack ich's an!«
»Jetzt geht's los!«

Zusätzliche Zündkraft erhält Ihr Handlungsstart, wenn Sie Ihr Handlungsziel Ihren nächsten Bezugspersonen bekanntgeben. Dadurch können Sie sich den daraus resultierenden sozialen Erwartungsdruck zunutze machen.

Schließen Sie jede Alternative zum bevorstehenden Handeln aus.

Spornen Sie Ihren Willen an. Oder metaphorisch gesprochen: Verbrennen Sie Ihre Schiffe! So tat es der spanische Conquistador Hernando Cortez, der 1519 mit 700 Mann an der mexikanischen Küste landete. Sein Ziel war es, das Aztekenreich zu erobern. Um der Wankelmüdigkeit seiner Soldaten entgegenzuwirken, befahl er die Verbrennung der 11 Schiffe. Danach gab es kein Zurück mehr, sondern nur noch eine Handlungsoption: die tatkräftige Umsetzung des Handlungsziels.

Unternehmen Sie jetzt den ersten Schritt, auch wenn er noch so klein ist. Zögern Sie ihn nicht hinaus.

Übung

Entwerfen Sie eine Selbstsuggestion in Form eines Satzes, mit dem Sie sich zum Handlungsstart motivieren.

Übung

Manchem Handlungsstart versucht der innere Schweinehund einen Strich durch die Rechnung zu machen. Bekämpfen Sie Ihre Aufschubtendenzen durch die Zwei-Spalten-Technik. Tragen Sie in die linke Spalte die negativen Konsequenzen ein, die ein Aufschub zur Folge hat. Und in die rechte Spalte die entsprechenden positiven Konsequenzen, wenn Sie die Aufschubtendenz abwehren.

Wenn ich aufschiebe …,	Wenn ich nicht aufschiebe …,
Bsp.: plagen mich Gewissensbisse.	Bsp.: Habe ich einen relativ freien Kopf.

Handlungsausführung

Einfaches Handeln, folgerecht durchgeführt,
wird am sichersten das Ziel erreichen.
HELMUTH GRAF VON MOLTKE

Die Handlung kommt in Gang. Es ist wünschenswert, dass sich die geplanten Schritte nun reibungslos umsetzen lassen. Bisweilen verläuft das Handeln wirklich demgemäß. Möglicherweise so gut, dass die handelnde Person in einen Flow-Zustand gerät.[29] Darunter versteht man das angenehme Gefühl, das sich einstellt, wenn man in einer Tätigkeit völlig aufgeht.

Häufig gelingt das Handeln nicht so, wie eben beschrieben. Dann stehen der Zielerreichung innere und äußere Barrieren entgegen. Lassen Sie sich von diesen Schwierigkeiten nicht zu einem Handlungsabbruch verleiten. Fühlen Sie sich positiv herausgefordert und aktivieren Sie das kühle System Ihres Frontalhirns. Im Folgenden erfahren Sie, wie Sie die Barrieren mit Hilfe von Strategien der Handlungskontrolle willentlich überwinden können.[30]

Konzentrationssteuerung

Lerne Konzentration und wende sie
in jeder Weise an. So verlierst du nichts.
Wer das Ganze hat, hat auch die Teile.
SWAMI VIVEKANANDA

Wer willentlich handelt, muss sich konzentrieren. Konzentration ist eine gesteigerte Form der Aufmerksamkeit. Wenn Sie konzentriert sind, fokussieren Sie Ihre Aufmerksamkeit auf einen eng umgrenzten Bereich des Wahrnehmungs- und Bewusstseinsfeldes. Dadurch schirmen Sie die zielgerichtete Handlung gegen innere und äußere Ablenkungen ab.

Eine recht wirksame Strategie ist die Selbstanweisung. Drohen Sie gedanklich abzuschweifen, sagen Sie, falls niemand anwesend ist, laut: »Stopp!« Sie können den Stoppbefehl verstärken, indem sie die Faust ballen oder mit der Faust auf den Tisch klopfen. Sind Sie nicht allein, erteilen Sie sich den Stoppbefehl mit innerer Stimme. Oder stellen Sie sich innerlich ein Stoppschild vor. Hilfreich kann es auch sein, wenn Sie einen störenden Gedanken auf einen Merkzettel schreiben. Beschäftigen Sie sich mit ihm erst dann, wenn Sie Ihre Tätigkeit beendet haben.

Ablenkend wirken sich auch äußere Reize aus. Beispielsweise Gegenstände, die auf ihrem überlagerten Schreibtisch liegen. Lagern Sie deshalb in Ihrem Wahrnehmungsfeld nur das, was Sie augenblicklich bearbeiten.

Ein weiterer Feind der Konzentration ist das Multi-Tasking. Wenn Sie mehrere Dinge gleichzeitig zu erledigen versuchen, schaden Sie Ihrer Willensleistung. Konzentrieren Sie sich mit voller Aufmerksamkeit auf eine Handlung.

Beachten Sie schließlich die Begrenztheit der Konzentrationsspanne. Beim Erwachsenen schwankt die Konzentration in einem 60- bis 90minütigen Rhythmus. Legen Sie aus diesem Grund immer mal wieder Pausen ein, damit sich Ihre Konzentrationskraft regenerieren kann.

Übung

Ablenkungen können Ihre Konzentration empfindlich stören. Es lohnt sich, Ablenkungsprobleme genauer zu analysieren.

Welche Ablenkungen beeinträchtigen immer mal wieder Ihre Konzentration?

Welche sind besonders störend?

Was könnten die Ursachen sein?

Wie lassen sich die Ablenkungen abstellen?

Übung

Kennzeichnen Sie die Zahlen, die ausschließlich gerade Ziffern enthalten.

334671	224826	678935	882372	675811
344538	564699	349211	484262	563395
132547	718965	426846	955228	146796
246192	457291	268292	142168	822442
197693	552819	543795	178932	392862
954372	286246	914565	137219	284697
381949	831495	724632	962762	826248
193215	443188	379281	581299	937317
547239	846224	779912	192842	175349
321576	921792	291634	682462	574923
952713	319719	391768	193794	845218
468246	349517	797153	983257	457631
568721	862468	624737	528935	217948

Übung

Finden Sie die Wörter, die doppelt vorkommen.

Auto – Lehrer – Schokolade – Kleinigkeit – Stahl – Gebrauch – Rückkehr – Sparer – Hering – Paradies – Kost – Raum – Lehrer – Jugend – Kleinkunst – Rückgrat – Stahl – Kostprobe – Pulver -. Sparkasse – Sozius – Gebrauch – Rückwand – Raumschiff – Ferien – Eile – Aktion – Halt – Rückseite – Hilfe – Raum – Mundart – Zug – Mensch – Fall – Silber – Haltestelle – Jugendlicher – Haltbarkeit – Matrose – Gunst Ereignis – Apfel – Erholung – Hering – Ladung – Pulverschnee – Helfer

Emotionskontrolle

Beherrsche Deine Gefühle;
es ist zwar ein schwerer Kampf,
aber Du wirst auch viel freier
Dein Leben genießen, weil Du
alsdann nicht fortwährend
vom Schicksal abhängig bist.
HEINRICH MARTIN

Emotionen (Gefühle) sind innere Empfindungen, die wir als angenehm oder unangenehm erleben – zum Beispiel als Freude, Angst, Trauer, Wut, Zorn oder Ärger. Sie beeinflussen Handlungen in starkem Maße. Positive Emotionen wirken förderlich, negative hinderlich. Letzteres ist vor allem dann der Fall, wenn Sie das, was Sie erledigen müssen, als unangenehm erleben und Unlustgefühle Ihre Stimmung zu dominieren beginnen. Darunter leidet die Qualität Ihrer Handlung. Und es wächst die Gefahr, dass Sie Ihre Handlung abbrechen.

In schwierigen Phasen der Zielerreichung kann das Emotionsthermometer stark ansteigen. Negative Emotionen zu bewältigen ist aus neuropsychologischer Sicht nicht leicht. Ihr präfrontaler Kortex (Stirnhirn) muss nämlich das limbische System (Gefühls- und Triebhirn) in Schach halten. Dort sind emotionale Automatismen gespeichert, die nach Aktion drängen, bevor das Stirnhirn rational steuernd aktiv werden kann.

Trotz dieser Schwierigkeiten sind Sie den Emotionen, die in Ihnen aufsteigen, nicht machtlos ausgeliefert. Mithilfe eines guten Emotionsmanagements wird es Ihnen gelingen, sich emotional besser zu steuern. Sie haben die Möglichkeit zu entscheiden, was Sie tun und was Sie lassen wollen.

Wenn negative Emotionen Ihren Handlungsfluss blockieren, lassen Sie nicht zu, dass diese Ihre Zügel in die Hand nehmen. Sie sind nicht Opfer Ihrer Gefühlslage, sondern Sie können diese verändern. Sagen Sie zu sich selbst: »Bleib cool!« Erinnern Sie sich an ähnliche Schwierigkeiten, die Sie in der Vergangenheit auf Ihren Weg zum Ziel schon einmal gelöst haben. Rufen Sie die positiven Emotionen hervor, die Sie damals im Gefolge der Problemlösung hatten.

Gefühle können Sie auch besser unter Kontrolle bringen, indem Sie diese neu bewerten. Falls nach einer längeren Handlungsphase Unlustgefühle Ihnen zu schaffen machen, stellen Sie das wahrgenommene Problem in einen neuen Rahmen. Betrachten Sie dieses als Signal zum Einlegen einer Pause. Diese verschafft Ihnen neue Kraft zur Fortsetzung Ihres Handelns.

Ebenso kann ein Handlungswechsel weiterhelfen. Unterbrechen Sie die momentan frustrierende Tätigkeit und tun Sie etwas anderes. Dadurch entziehen Sie der hinderlichen Emotion die Aufmerksamkeit. Kehren Sie später wieder zur ursprünglichen Handlung zurück.

Übung

Rufen Sie eine zielgerichtete Handlung in Erinnerung, die Sie aufgrund eines negativen Gefühls abbrachen.

Was war die auslösende Situation?

Welches Gefühl hinderte Sie beim Handeln?

Was ging Ihnen dabei durch den Kopf?

Mit Hilfe welcher Neubewertung hätten Sie das negative Gefühl bewältigen können?

Motivationskontrolle

*Ist unsere Motivation stark
und heilsam, können wir alles vollbringen.*
DALAI LAMA

Die Zielbindung, die vor dem Handlungsstart aufgebaut wird, bleibt nicht konstant. Ihre motivierende Wirkung nimmt vor allem dann ab, wenn die Handlungsausführung schwierig wird und Zweifel an der Zielerreichung zunehmen. Damit Ihrem Handeln die Motivation nicht abhanden kommt, müssen Sie sich Ihr Zielbild wieder vergegenwärtigen. Betrachten Sie es mit Ihrem inneren Auge und laden Sie Ihre Vision mit frischer psychischer Energie auf.

Geben Sie Ihrer Motivation einen neuen Schub, indem Sie die Anreize Ihres Handelns in den Blick nehmen. Halten Sie sich die Belohnungen und die positiven Konsequenzen vor Augen, die nach der Zielerreichung auf Sie warten.

Übung

Rufen Sie die Entstehung Ihres momentanen Zieles in Erinnerung.
Wann war es?
Wo fand die Zielsetzung statt?
Was war Ihre Motivation?
Wie intensiv ist diese jetzt?
Wie können Sie diese weiter fördern?

Selbstkontrolle

Wer nicht sein eigener Meister ist, ist nicht frei.

EPIKTET

Viele Ziele können nur auf einer längeren Zeitstrecke umgesetzt werden. So zum Beispiel, wenn Sie Ihr Körpergewicht deutlich reduzieren möchten oder eine Prüfung vorbereiten müssen. Zur Erreichung langfristiger Ziels sind viele Handlungsschritte notwendig. Wenn Sie sich damit schwertun, kann Ihnen ein dreischrittiges Verfahren zur willentlichen Selbstkontrolle helfen, das von Frederick Kanfer entwickelt worden ist.[31]

Der erste Schritt wird Selbstbeobachtung genannt. Für Sie bedeutet dies, täglich darauf zu achten, ob Sie die geplante Handlung auch wirklich ausgeführt haben. Notieren Sie dies kurz. Beispielsweise im Falle einer Prüfungsvorbereitung, welches Stoffgebiet Sie wann durchgearbeitet haben. Danach folgt nun der zweite Schritt: die Selbstbewertung. Schätzen Sie ein, wie zufrieden Sie mit dem sind, was Sie sich vorgenommen haben. Dies können Sie in Form einer Einstufung auf einer zehnstufigen Skala vornehmen (1 = sehr unzufrieden; 10 = sehr zufrieden).

Abgeschlossen wird die Selbstkontrolle mit der Selbstbelohnung, wenn Ihr Handlungsergebnis positiv ist. Freuen Sie sich darüber und sparen Sie nicht mit Selbstlob:
»Das ist mir gut gelungen.«
»Schön, dass sich die Anstrengung gelohnt hat.«

»Ich habe einen wichtigen Schritt getan.«
Selbstlob stinkt nicht, sondern motiviert und stärkt das Selbstvertrauen.

Selbstbelohnung kann auch darin bestehen, dass Sie sich selbst etwas Gutes tun. Zum einen durch materielle Verstärker, zum anderen durch angenehme Aktivitäten.

Eine andere Variante der Selbstkontrolle sind regelmäßige Fortschrittsmessungen. Ohne solche Bestandsaufnahmen kann es keinen nachhaltigen Handlungserfolg geben. Legen Sie hierfür Termine fest. Stellen Sie sich dann die Frage, ob und in welchem Maße Sie die vereinbarten Ziele umgesetzt haben. Führen Sie die Fortschrittsmessung mithilfe Ihres Handlungsplanes durch. Überlegen Sie aufbauend auf Ihrer ehrlichen Bewertung, wie Sie die Zielverfolgung verbessern oder beschleunigen können. Und vergessen Sie natürlich nicht, sich selbst zu belohnen.

Übung

Führen Sie in den nächsten vier Wochen eine gezielte Selbstkontrolle nach dem angegebenen Muster durch. Suchen Sie sich ein Problemverhalten (z. B. mangelnde Selbstbehauptung) aus, das Sie verändern möchten. Dokumentieren Sie kurz und stichwortartig Ihre Änderungsbemühungen. Bewerten Sie den Änderungserfolg mit einer Zahl auf der Skala 1 bis 10 (s. o.). Belohnen Sie sich für die Fortschritte mit angenehmen Aktivitäten.

Datum	Änderung	Bewertung

Misserfolgsbewältigung

Bewahre mich vor dem naiven Glauben, es müsste im Leben
alles glatt gehen. Schenke mir die nüchterne Erkenntnis,
dass Schwierigkeiten, Niederlagen, Misserfolge, Rückschläge
eine selbstverständliche Zugabe zum Leben sind, durch die
wir wachsen und reifen.
ANTOINE DE SAINT-EXUPÉRY

Auf dem Weg zum Ziel sind Misserfolge nicht auszuschließen. Es gibt keine perfekte Handlungsausführung. Wenn Ihnen eine Handlung misslingt, bleiben Sie gelassen. Begehen Sie nicht den Fehler, den Misserfolg mit persönlichem Unvermögen zu erklären. Vermeiden Sie es, sich selbst zu entmutigen und verzichten Sie auf Selbstvorwürfe. Hüten Sie sich davor, Misserfolge zu verallgemeinern. Ersetzen Sie die absolute Bewertung durch eine spezifische. Statt »Ich bin vom Pech verfolgt« »Heute habe ich mein Ziel nicht erreicht«.

Eventuell werden kurz nach einem Misserfolg auch Erinnerungen an vergangene Fehlschläge wach. Geben Sie sich solchen Gedanken nicht hin, sondern lassen Sie diese an sich vorbeiziehen. Fällt Ihnen das schwer, denken Sie an das, was Ihnen schon einmal gut gelungen ist.

Betrachten Sie den Fehlschlag als Lernchance. Führen Sie eine Misserfolgsanalyse durch. Finden Sie heraus, was konkret schiefgelaufen ist und welche Ursachen dem Misslingen zugrunde liegen. Erarbeiten Sie in Anlehnung daran eine Problemlösung. Sie besteht darin, dass Sie entweder das Ziel ändern oder Ihre Vorgehensweise oder beides. Prüfen Sie Ihren Lösungsplan nochmals kritisch. Setzen Sie ihn mit neuem Mut ins praktische Handeln um.

Sowohl in die Misserfolgsanalyse als auch in die Problemlösung können Sie Personen einbeziehen, die sie sich schon einmal in einer ähnlichen Misserfolgssituation befunden haben. Profitieren Sie von den Erfahrungen Ihrer Leidensgenossen.

Übung

Erinnern Sie sich an eine Handlungssituation, in der Ihnen ein Misserfolg drohte.

Welche Situation war es?

Wie ging es trotz der Schwierigkeiten weiter?

Was war der entscheidende Lösungsfaktor?

Umweltkontrolle

Versuchungen bekämpft man
am besten mit Geldmangel.
JOACHIM RINGELNATZ

Die äußeren Bedingungen des Handelns lassen sich so gestalten, dass Ziele besser erreicht werden. Diese Strategie der Umweltkontrolle hatte übrigens schon Homers Odysseus angewandt, als er sich an den Mast seines Schiffes binden ließ, um den Verlockungen der Sirenen zu widerstehen.

Möchten Sie Ihr Gewicht reduzieren, trägt immer auch die Gestaltung der Essumwelt dazu bei. Kaufen Sie nur so viel ein, wie Sie für den nächsten Tag brauchen. Lagern Sie keine oralen »Verführer« (z. B. Snacks, Schokolade) auf dem Couchtisch.

Ein weiteres Beispiel: Möchten Sie Aufschubhandlungen wirksam bekämpfen, kann es hilfreich sein, wenn Sie das Smartphone und den Computer ausschalten. Damit halten Sie ärgerliche Ablenkungen von sich fern.

Willensförderlich ist es auch, wenn Sie Kooperationspartner finden. Das sind Bezugspersonen, die dasselbe Ziel anstreben wie Sie. Helfen Sie sich gegenseitig. Jeder ist das äußere Gewissen des anderen. Feiern Sie gemeinsam Ihre Fortschritte. Diese Partnerschaft ist sowohl bei der Gewichtsreduktion als auch bei der Raucherentwöhnung hilfreich.

Ebenso wirkungsvoll ist es, im persönlichen Umfeld jemanden zu engagieren, der die Rolle des Motivators übernimmt. Immer dann, wenn sie von der Aufschieberitis infiziert werden, erinnert er sie an Ihre Ziele und treibt sie zum Handeln an.

Übung

Angenommen, Sie tun sich momentan mit der Umsetzung eines Zieles schwer. Wie könnten Sie äußere Bedingungen so verändern, dass die Zielrealisierung erleichtert wird?

Zum Nachdenken

Sie laufen durch den Wald und treffen auf einen Mann, der fieberhaft daran arbeitet, einen Baum umzusägen.

»Was machen Sie da?« fragen Sie.

»Das sehen Sie doch«, antwortet er ungeduldig. »Ich säge diesen Baum ab.«

»Sie sehen erschöpft aus. Wie lange sind Sie denn schon zugange?«

»Über fünf Stunden«, sagt er, »und ich bin k. o.! Dies ist harte Arbeit.«

»Warum machen Sie dann nicht ein paar Minuten Pause und schärfen die Säge? Ich bin sicher, dass es dann viel schneller ginge.«

»Ich habe keine Zeit, die Säge zu schärfen«, ruft der Mann emphatisch.

»Ich bin zu sehr mit dem Sägen beschäftigt.«

Stephen Covey

5. Willenskräftigung

Wenn du ihn (den Willen) trainierst, wird er stärker.
Da ist nichts Magisches dabei.
ROY BAUMEISTER

Wie im Kapitel 2 dargelegt, hängt die die Willensstärke nicht nur von den Willensstrategien ab, sondern auch von der Willenskraft. Sie ist die Quelle, aus der Sie Ihre Willensenergie schöpfen. Wenn Sie Ihre Willensprobleme bewältigen möchten, müssen Sie sich auch mit den Möglichkeiten der Willenskräftigung befassen. Oder in der Terminologie Roy Baumeisters ausgedrückt: Kräftigen Sie Ihren Willensmuskel. Was darunter zu verstehen ist, erfahren Sie in diesem Kapitel.

Richtige Hirnnahrung

Meist ist das, was für den Körper gut ist,
auch gut für das Gehirn.
MATTHEW MCDONALD

Was wir täglich an Nahrung zu uns nehmen, beeinflusst unsere Gehirnleistung und damit auch die Willenskraft.

Wichtigster Faktor einer gesunden Ernährung sind Kohle-
hydrate, die im Körper in Glukose umgewandelt werden.
Obwohl der Anteil des Gehirns an der Körpermasse nur 2
% beträgt, verbraucht es 20 % der vorhandenen Glukose.
Das Gehirn benötigt von diesem Energielieferanten pro
Minute 100 Milligramm. Weil es Glukose nicht speichern
kann, muss diese kontinuierlich zugeliefert werden. Roy
Baumeister und sein Forschungsteam konnten in mehreren
Studien nachweisen, dass die Willenskraft in starkem Maße
schwindet, wenn der Blutzuckerspiegel auf ein niedriges
Niveau abfällt.[32]

Glukose kann man in Form von raffiniertem Zucker (z.
B. Weißzucker) direkt aufnehmen. Nachteil ist dabei,
dass der Blutzuckerspiegel zwar schnell ansteigt, aber
aufgrund der prompten Insulinausschüttung auch rasch
wieder abfällt, was die Willensleistung mindert. Deshalb
ist es besser, den Energiebedarf durch komplexe Kohlehy-
drate (z. B. Vollkornbrot, Hülsenfrüchte, Gemüse, Obst)
abzudecken. Diese werden im Körper langsamer abge-
baut. Somit steigt der Blutzucker langsamer an, und die
daraus gewonnene Energie steht dem Gehirn länger zur
Verfügung.

Unser Hirn ist nicht nur auf eine ausreichende Gluko-
se-Versorgung, sondern auch auf eine insgesamt gehirn-
freundliche Ernährung angewiesen. Hierzu gehören:

- hochwertige Eiweiße (z.B. Eier, Quark, Thunfisch, Pute,
  Hülsenfrüchte)

- Omega-3- und Omega-6-Fettsäuren (fettreicher Fisch, pflanzliche Öle)
- Vitamine A, B1, B2, B3, B9, B12, C, E
- Mineralstoffe wie Calcium, Eisen (Sauerstofftransporteur), Jod, Magnesium, Selen, Zink
- ausreichende Flüssigkeitszufuhr (2 l pro Tag).

Bei der Hirn-Ernährung ist besonders darauf zu achten, dass überschüssige freie Radikale die Nervenzellen nicht schädigen. Diese Gefahr wächst mit dem Älterwerden. Die freien Radikale entstehen als Abbauprodukte unserer Stoffwechselvorgänge. Es handelt sich um aggressive Sauerstoffverbindungen. Mit Antioxidantien kann ihnen entgegengewirkt werden. Wichtige »Radikalfänger« sind die Vitamine A, C und E, das Spurenelement Selen sowie Carotinoide. Letztere befinden sich beispielsweise in Paprika, Tomaten, Karotten und Aprikosen. Auch die dunkle Schokolade enthält viele Antioxidantien. Schon die Menge von 14 g verfügt über mehr dieser Radikalfänger als ein Glas Orangensaft.

Ausreichend Schlaf

Schlaf ist notwendig für das Gehirn.
MICHAEL MADEJA

Der Schlaf ist ein Zustand verminderten Bewusstseins. Ein Drittel seines Lebens verbringt der Mensch schlafend. Der Schlaf dient der Regeneration von Körper und Gehirn. Er vollzieht sich in zyklischen Phasen. Ein Schlafzyklus besteht aus drei Schlafphasen:

- Leichtschlaf
- Tiefschlaf
- Traumschlaf.

Während einer Nacht durchläuft man vier bis sechs solcher Schlafzyklen. Normalerweise braucht man sieben bis acht Stunden, um am nächsten Tag geistig und körperlich fit zu sein. Senioren über 65 Jahre können mit fünf bis sechs Stunden auskommen.

Mangelnder Schlaf stört die Verwertung von Glukose im Frontalhirn. Die Hirnzellen tun sich schwerer damit, aus dem Blut Glukose zu beziehen.[33] Die weitere Folge ist, dass die Willenskraft geschwächt wird. Damit sich diese neu aufladen kann, müssen Sie schlafhygienische Regeln beachten:

- Gehen Sie nur dann ins Bett, wenn Sie sich müde fühlen.
- Vermeiden Sie später am Abend üppiges Essen, übermäßigen Alkoholkonsum, Kaffeetrinken und Nikotingenuss.
- Strengen Sie sich abends körperlich nicht zu sehr an.
- Schauen Sie nicht auf die Uhr, wenn Sie nachts wach werden.
- Sorgen Sie im Schlafzimmer für eine gute Abdunkelung.
- Vermeiden Sie zu langes Liegenbleiben am Morgen.
- Beschränken Sie den Mittagsschlaf auf 30 Minuten.

Regelmäßige Entspannung

Man sollte sich Entspannung gönnen.
Leistungsfähiger und lebhafter
werden wir uns nach einer Ruhepause erheben.
SENECA

Stress aktiviert den Teil des vegetativen Nervensystems, der Sympathikus genannt wird. Je länger der Stress andauert, umso mehr Energie beziehungsweise Willensenergie wird verbraucht. Um das vegetative Gleichgewicht wiederherzustellen, muss der »Gegenspieler« des Sympathikus, der Parasympathikus, in Aktion treten. Er sorgt für Erholung und neue Energiespeicherung. Die Umschaltung vom Sympathikus auf den Parasympathikus können Sie mit Hilfe von Entspannungsübungen erreichen. Diese fördern die Frontalhirndurchblutung und vergrößern Ihre Willenskraftreserve.[34]

Progressive Muskelentspannung

Ein weit verbreitetes und wirksames Entspannungsverfahren ist die Progressive Muskelentspannung nach Edmund Jacobson.[35] Ihr Prinzip besteht darin, dass wichtige Körpermuskelgruppen kurz angespannt und danach wieder locker gelassen werden. Dadurch werden Empfindungen der Wärme und Schwere hervorgerufen. Diese werden ans Zwischenhirn weitergemeldet und bewirken im vegetativen Nervensystem eine Aktivierung des Parasympathikus. Eine Kurzform dieser Methode wird Ihnen nun aufgezeigt.

Übung

Spannen Sie jede der folgenden Muskelgruppen zunächst 5-10 Sekunden deutlich spürbar an und lockern sie diese danach wieder. Atmen Sie während der Anspannungsphase ruhig. Legen Sie zwischen den Einzelübungen eine Ruhepause von etwa einer halben Minute ein. Konzentrieren Sie sich in der Ruhepause auf die Empfindungen im zuvor angespannten Muskel.

rechte Hand	zur Faust ballen
linke Hand	zur Faust ballen
rechter Bizeps	anspannen
linker Bizeps	anspannen
Schultern	soweit wie möglich nach oben ziehen
Nacken	Kinn gegen das Brustbein drücken
Stirn	Augenbrauen nach oben ziehen und Stirn runzeln
Augen	Augen zusammenkneifen
Mund	Lippen zusammenpressen
Brustkorb	tief einatmen, Luft anhalten, langsam ausatmen
Rücken	Hohlkreuz
Bauch	Bauchdecke fest zusammenziehen
Oberschenkel	die Knie gegeneinander drücken

rechte Wade	rechtes Bein ausstrecken und die Ferse fest in den Boden drücken
linke Wade	linkes Bein ausstrecken und die Ferse fest in den Boden drücken
rechter Fuß	den rechten Fuß strecken und dabei die Zehen beugen
linker Fuß	den linken Fuß strecken und dabei die Zehen beugen

Autogenes Training

Ebenso wie die Progressive Muskelentspannung ermöglicht das Autogene Training nach J. H. Schultz eine Umschaltung des vegetativen Nervensystems. Die Entspannungsreaktionen werden durch formelhafte Vorsätze hervorgerufen.[36] Die Grundstufe umfasst sieben Grundübungen, die der Selbstberuhigung dienen sollen:

Schwere-Übung: »Meine Arme und Beine sind angenehm schwer.«
Wärme-Übung: »Meine Arme und Beine sind angenehm warm.«
Atem-Übung: »Mein Atem fließt ruhig und gleichmäßig.«
Herz-Übung: »Mein Puls geht angenehm ruhig, kräftig und gleichmäßig.«
Bauch (Sonnengeflecht)-Übung: »Mein Sonnengeflecht ist strömend warm.«
Kopfübung: »Meine Stirn ist angenehm kühl.«

In der Oberstufe des Autogenen Trainings wird mit inneren Bildern die Selbstversenkung geübt.

Das Autogene Training ist allerdings nicht so leicht und selbstständig erlernbar wie die Progressive Muskelentspannung und sollte eher unter professioneller Leitung angeeignet werden. Autogene Trainingskurse werden von Volkshochschulen und Gesundheitszentren angeboten. Ausprobieren können Sie folgende Vorübungen:

Droschkenkutscher (Sitzen):
- Setzen Sie sich und lehnen Sie sich nicht an.
- Ihre Füße stehen im rechten Winkel mit spürbarem Kontakt auf dem Boden.
- Lege Sie ihre Hände locker auf die Oberschenkel.
- Schließen Sie die Augen.
- Beugen Sie ihren Kopf leicht nach vorn.

Droschkenkutscher (Stehen):
- Stellen Sie sich mit schulterbreit gegrätschten Füßen hin.
- Fühlen Sie bewusst ihren Körper.
- Lassen Sie aus den Muskeln Spannung heraus.
- Alles Gewicht ruht auf Ihren Füßen.
- Fühlen Sie sich doppelt so schwer wie sonst.

Meditation

Auch die Meditation fördert die Willenskraft. Regelmäßiges Meditieren bewirkt eine Vermehrung der grauen Substanz im präfrontalen Kortex.[37] Das Wort Meditation kommt vom lateinischen meditari (= etwas nachgehen, nachsinnen). Entspannungsmethodisch heißt Meditation, sich auf einen engen inneren oder äußeren Wahrnehmungsausschnitt zu konzentrieren und alle sonstigen Reize auszuschalten.[38] Als Meditationsmittel kommen in Frage äußere oder innere Bilder, Musik, der eigene Atem und vieles andere mehr. Die Grundfigur sieht so aus, dass man still dasitzt, die Aufmerksamkeit eine Zeitlang ganz dem Meditationsmittel schenkt und nach der Übung sich wieder durch Strecken und Recken zurücknimmt. Folgende Übungen (Dauer 8-10 Minuten) laden Sie zum Erproben ein:

Den Atem zählen
- Schließen Sie die Augen.
- Atmen Sie tief ein und aus und zählen Sie dabei Ihre Atemzüge.
- Beim Einatmen 1, beim Ausatmen 2.
- Zählen Sie bis 10, dann fangen Sie wieder bei 1 an.

Dem Atem nachspüren
- Atmen Sie mehrere Male ein und aus.
- Stellen Sie sich den Weg Ihres Atems durch Ihren Körper vor.
- Konzentrieren Sie sich ganz auf Ihren Atem.

Dünung des Meeres
- Atmen Sie bei geschlossenen Augen tief ein und aus.
- Stellen Sie sich vor, dass Sie beim Einatmen von der Dünung des Meeres gehoben und beim Ausatmen gesenkt werden.

Von der Musik getragen werden
Hierfür geeignet sind klassische Largosätze, aber auch moderne Meditationsmusik von Deuter, Kitaro oder Zamfir. Die metrische Gliederung der Musik überträgt sich auf die Gehirnwellen.
- Setzen Sie sich.
- Schließen Sie die Augen.
- Beugen Sie den Kopf leicht nach vorn.
- Konzentrieren Sie sich auf die Musik und lassen Sie sich von ihr tragen.

Konzentriertes Gehen
- Gehen Sie – egal, ob drinnen oder draußen.
- Konzentrieren Sie sich auf Ihre Füße
- Drücken Sie zunächst Ihre Ferse und dann Ihre Zehen fest auf den Boden.

Genaues Hinhören
- Schließen Sie Ihre Augen.
- Atmen Sie bewusst ein und aus.
- Achten Sie genau auf das, was Sie hörend wahrnehmen.

Inneres Sehen
- Stellen Sie sich eine brennende Kerze vor.

- Lassen Sie Ihr inneres Bild auf sich einwirken.
- Visualisieren Sie es in allen Details.

Bewusstes Trinken
- Schenken Sie sich ein Glas Wasser ein.
- Trinken Sie einen Schluck.
- Erspüren Sie, wie das Wasser in Ihren Körper strömt.
- Wiederholen Sie diese Prozedur, bis das Glas leer getrunken ist.

Ruhiges Sitzen
- Begeben Sie sich an einen ruhigen Ort.
- Atmen Sie bewusst ein und aus.
- Lassen Sie Ihre Gedanken wie Wolken vorbeiziehen.

Achtsames Tun

Ein Zenmeister wurde einmal gefragt, warum er so gesammelt sein kann. Seine Antwort: »Wenn ich stehe, dann stehe ich. Wenn ich gehe, dann gehe ich. Wenn ich sitze, dann sitze ich. Wenn ich esse, dann esse ich.« Die Frager sagten: »Das tun wir doch auch.« »Nein«, sagte der Zenmeister, »wenn Ihr sitzt, dann steht Ihr schon, wenn Ihr steht, dann geht Ihr schon, wenn Ihr geht, dann seid Ihr schon am Ziel.«

Daraus folgt, dass Sie sich auch entspannen können, indem Sie sich auf das, was Sie augenblicklich tun, ganz bewusst konzentrieren. Probieren Sie dies an alltäglichen Tätigkeiten aus. Als Beispiele seien genannt: Essen, Duschen, Zähneputzen, Händewaschen, Blumengießen.

Wenn Sie verschiedene Entspannungsübungen ausprobiert haben, wird bald klar, was Ihnen persönlich besonders liegt. Wenden Sie Ihre Lieblingsübungen täglich an. Möglichst immer dann, wenn Sie angespannt sind und sich gestresst fühlen.

Regelmäßige Bewegung

Besser als Rätsel- und Sudokulösen hilft
Bewegung die grauen Zellen in Schwung zu halten.
STEVE AYAN

Wer sich regelmäßig bewegt, bleibt körperlich und geistig fit. Letzteres impliziert auch, dass die Willenskraft gestärkt wird.[39]

Warum ist körperliche Bewegung dem Gehirn so zuträglich? Die positive Wirkung ist vor allem damit zu erklären, dass das Gehirn besser durchblutet wird. Mit dem Blut gelangen Sauerstoff, Glukose und andere Nährstoffe in die Nervenzellen. Je besser diese versorgt werden, desto wirksamer funktionieren die Gehirnprozesse.

Hirnförderliche Effekte können schon mit leichtem körperlichem Training erzielt werden. Mehrere dreißigminütige Tageseinheiten pro Woche reichen bereits aus. Als Trainingsvarianten bieten sich an:
- Spazierengehen
- Joggen

- Nordic Walking
- Radfahren
- Schwimmen
- Gymnastik
- Tanzen.

Schon mit kleinen Gymnastikübungen können Sie Ihre Fitness fördern. Sie lassen sich problemlos in den Alltag integrieren – sowohl zu Hause als auch am Arbeitsplatz.

Am Schreibtisch
- Setzen Sie sich ganz nah an Ihren Schreibtisch.
- Legen Sie Ihre Ellbogen auf die Schreibtischfläche.
- Drücken Sie diese 20 Sekunden lang fest auf die Schreibtischfläche.
- Wiederholen Sie die Übung fünf Mal.

Im Türrahmen
- Stellen Sie sich in einen Türrahmen.
- Positionieren Sie die Beine hüftbreit.
- Berühren Sie mal mit der linken, mal mit der rechten Hand den oberen Rahmen.

Kniebeugen
- Stellen Sie Ihre Füße schulterbreit auseinander.
- Strecken Sie Ihr Gesäß nach hinten.
- Begeben Sie sich langsam in die Hocke.
- Drücken Sie sich kraftvoll wieder hoch.
- Wiederholen Sie die Übung acht Mal.

Denkhygiene

Nicht die Dinge selbst beunruhigen uns,
sondern die Gedanken, die wir über die Dinge haben.
EPIKTET

Durch Denkfehler verursachter emotionaler Stress schwächt die Willenskraft nachhaltig. Diese Erkenntnis war schon den antiken Stoikern bewusst. Sie wurde durch die moderne Psychotherapie bestätigt. Wesentlich dazu beigetragen hat die rational-emotive Therapie, die vom amerikanischen Psychologen und Psychotherapeuten Albert Ellis entwickelt wurde.[40] Im ABC-Modell hat er dies erklärt. Die Buchstaben beinhalten folgende Annahmen:

A (activating events): Äußere und innere Ereignisse wirken auf uns ein.

B (beliefs): Diese werden von uns bewertet.

C (consequences): Aus der Bewertung ergeben sich Emotionen und Reaktionen.

Die Art und Weise, wie Sie äußere Ereignisse gedanklich bewerten, beeinflusst Ihre Gefühle. Sind Ihre Bewertungen unangemessen, rufen sie Belastungen beziehungsweise emotionale Stressreaktionen hervor. Besonders schädlich sind irrationale Überzeugungen wie die folgenden:

»Ich darf keine Fehler machen.«

»Es ist wichtig, dass mich alle mögen.«

»Ich muss besser sein als die anderen.«

»Ich bin nur dann wertvoll, wenn ich tüchtig bin.«

»Ich bin vom Pech verfolgt.«

»Ich darf nicht kritisiert werden.«

Darüber hinaus tragen zur Stressbelastung bei:
- sich selber erfüllende Prophezeiungen (»Das wird schief gehen.«)
- Katastrophisierungen (»Das ist das Schlimmste, was mir passieren kann.«)
- Ausschließlichkeitsbehauptungen (immer, nie, alle, sicher, alles, keiner).

Wenn Sie sich auf die Suche nach dem Ursprung solcher willensschädigender Stressoren begeben, werden Sie feststellen, dass Ihnen ein Teil bereits schon in der Kindheit vermittelt worden ist, und zwar von Ihren Eltern und anderen Bezugspersonen. Ein weiterer Teil kommt im Erwachsenenalter hinzu. Und einige entstehen durch vorschnelle, falsche Generalisierungen.

Durch gezielte Denkhygiene können Sie die inneren Stressoren entschärfen:

- Beobachten Sie sich in Stresssituationen: Schreiben Sie auf, was Sie in solchen Situationen zu sich sagen, was Ihnen durch den Kopf geht.
- Wandeln Sie die Stress erzeugenden Sätze in seelisch verträglichere Formulierungen um. Statt »Ich darf im Job keine Fehler machen« »Ich möchte gut arbeiten, aber nicht alles kann ich gut machen.«
- Fragen Sie Bekannte und Freunde: »Wie siehst du mich?« »Wo mache ich mir aus deiner Sicht das Leben schwer?«
- Überprüfen Sie immer wieder den Realitätsbezug Ihrer Reaktionen durch kleine Schlüsselfragen: »Verallgemeinere ich?« »Fühle ich mich unnötig hilflos?« »Übertreibe ich?«
- Formulieren Sie Negatives positiv um. Fast jeder Situation können Sie positive Seiten abgewinnen: »Dieses Glas ist zwar schon halbleer getrunken, aber es ist erfreulicherweise noch halbvoll.«
- Ersetzen Sie absolute Bewertungen durch spezifische: Einer statt alle, hier und jetzt statt immer, in einer Situation statt in allen Situationen.
- Vermeiden Sie übertriebenes Streben nach Perfektion. Gestehen Sie sich und Ihren Mitmenschen auch Fehler zu.

Die Veränderung des Denkens gelingt nicht von heute auf morgen, sondern Sie brauchen einige Trainingszeit, während der Sie täglich Stresssituationen anders bewerten lernen. Diesen Änderungsprozess sollten Sie protokollieren und vor allem Fortschritte (Erfolgserlebnisse) festhalten.

Übung

Formulieren Sie die folgenden Sätze in eine seelisch verträglichere Form um.

Es ist schlimm, wenn andere über mich schlecht reden.

Es ist besser, Schwierigkeiten auszuweichen, statt sich ihnen zu stellen.

Ich muss mich auf meine Mitmenschen verlassen können.

Für jedes Problem muss es perfekte Lösungen geben.

Die Umstände müssen so sein, wie ich es will.

Es ist wichtig, dass mich alle mögen.

Ich muss erfolgreich sein.

Es ist schlimm, wenn etwas anders läuft, als ich es haben möchte.

Funktionstraining

Man kann seine Willenskraft erschöpfen,
aber auch durch Übung aufbauen.
HUGO MARTIN KEHR

Die Willenskraft lässt sich außerdem durch Funktions-
übungen gezielt trainieren. Wenn Sie Ihren Willenskraft-
muskel immer wieder beanspruchen, wird er gestärkt.
Umgekehrt schwächen Sie ihn, wenn Sie Willensanstrengungen vermeiden. Diese Erkenntnis ergibt sich aus Roy
Baumeisters Trainingsexperimenten.[41]

Eine Trainingsmöglichkeit ist das Aushalten von Bedürfnisspannungen beziehungsweise das Aufschieben von Be-
dürfnisbefriedigungen. Ein Beispiel ist das Fasten. Durch
den zeitweiligen Verzicht auf Nahrungs- und Genussmittel
können Sie Ihr Willens-Ich stärken.

Ebenso willensförderlich ist es, wenn Sie gewohnte Tätigkeiten auf unübliche Weise ausführen. Wenn Sie Rechts-
händer sind, gebrauchen Sie mal die linke Hand beim Notieren oder beim Zähneputzen.

Ihre Willenskraft wird auch geübt, wenn Sie eine unlieb-
same Ausdrucksweise loswerden möchten. Angenommen,
es handelt sich um den übermäßigen Gebrauch des Füll-
wortes »äh«. Gewöhnen Sie sich diese Sprachmarotte durch
gezielte Selbstbeobachtung ab.

Zum Willenstraining eignet sich des Weiteren die Korrektur Ihrer Körperhaltung. Ein Trainingsziel könnte sein, sowohl im Sitzen als auch im Stehen eine bewusst aufrechte Haltung einzunehmen. In Willens-Trainingsstudien hat sich diese Übungsvariante als besonders wirkungsvoll erwiesen.[42]

Demselben Ziel ist es dienlich, wenn Sie versuchen, Schmerzen auszuhalten, ohne gleich zur Tablette zu greifen. Das ist möglich, wenn die Schmerzen nicht zu stark sind. Dieses Übungsbeispiel ist nicht so gedacht, dass Sie zum Fakir werden.

Anzuraten ist schließlich, immer wieder die persönliche Komfortzone zu verlassen. Stellen Sie sich Trainingsaufgaben, die Ihre Willenskraft beziehungsweise Ihre Selbstüberwindung herausfordern:

- Stehen Sie früher auf als bisher.
- Duschen Sie auch mal kalt.
- Legen Sie Strecken, wenn möglich, mit dem Rad oder zu Fuß zurück.
- Benutzen Sie statt des Aufzugs die Treppe.
- Verzichten Sie auf eine Süßigkeit, die Sie augenblicklich zum genüsslichen Verzehr lockt.
- Packen Sie immer jene Aufgabe zuerst an, die Ihnen am wenigsten Spaß bereitet.
- Widersprechen Sie Ihrem Gegenüber, auch wenn Sie dies um der Harmonie willen zunächst vermeiden möchten.

Beim Funktionstraining kommt es nicht auf die Breite der Übungsvarianten an, sondern es genügt das beharrliche und intensive Exerzieren in einem Bereich. Was Sie dadurch an Willenskraft gewinnen, hilft Ihnen in vielen Situationen, die willentliches Handeln erfordern.

Übung

Werfen Sie einen Blick auf Ihre eigene Komfortzone. Wählen Sie eine Bequemlichkeit aus, deren Veränderung sich zum Willenstraining eigenen könnte. Führen Sie die Kraftübung vier Wochen lang regelmäßig durch.

Zum Nachdenken

Der Sultan selbst war außer sich vor Begeisterung: »Gott, steh mir bei; welch ein Wunder, welch ein Genie!« Sein Wesir gab zu bedenken: »Hoheit, kein Meister fällt vom Himmel. Die Kunst des Zauberns ist die Folge seines Fleißes und seiner Übungen.« Der Sultan runzelte die Stirn. Der Widerspruch seines Wesirs hatte ihm die Freude an das Zauberkunststück verdorben. »Du undankbarer Mensch! Wie kannst du behaupten, dass solche Fertigkeiten durch Übung kommen? Es ist, wie ich sagte: Entweder man hat das Talent oder man hat es nicht.« Abschätzend blickte er seinen Wesir an und rief: »Du hast es jedenfalls nicht, ab mit dir in den Kerker. Dort kannst du über meine Worte nachdenken. Damit du nicht so einsam bist und du deinesgleichen um dich hast, bekommst du ein Kalb als Kerkergenossen.« Vom ersten Tag seiner Kerkerzeit an übte der

Wesir, das Kalb hochzuheben und trug es jeden Tag über die Treppen seines Kerkerturmes. Die Monate vergingen. Aus dem Kalb wurde ein mächtiger Stier, und mit jedem Tag der Übung wuchsen die Kräfte des Wesirs. Eines Tages erinnerte sich der Sultan an seinen Gefangenen. Er ließ ihn zu sich holen. Bei seinem Anblick aber überwältigte ihn das Staunen: »Gott, steh mir bei, welch ein Wunder, welch ein Genie!« Der Wesir, der mit ausgestreckten Armen den Stier trug, antwortete mit den gleichen Worten wie damals: »Hoheit, kein Meister fällt vom Himmel. Dieses Tier hattest du mir in deiner Gnade mitgegeben. Meine Kraft ist die Folge meines Fleißes und meiner Übungen.«

Eine orientalische Geschichte

6. Willensvorbilder

Setze dir ein Muster und Vorbild,
und lebe nach ihm, sowohl wenn du allein bist,
als wenn du unter die Leute kommst.
EPIKTET

Vorbilder sind Menschen, an denen man sich aufgrund ihrer Werte, ihrer Einstellungen und ihres Handelns orientieren kann. Sie motivieren uns zur Identifikation. Sie werden bewundert und gelten als Musterbeispiele. Aus der Willensforschung geht hervor, dass sich die Willenssteuerung verbessert, wenn man sich willensstarke Menschen zum Vorbild nimmt.[43]

Im Folgenden werden berühmte Persönlichkeiten vorgestellt, deren Wille außergewöhnlich stark ausgeprägt war. Vielleicht können auch Sie Kraft daraus schöpfen. Falls nicht, gibt es sicherlich andere Menschen, die Sie sich zum Vorbild nehmen können. Erinnern Sie sich an Ihr Willensvorbild, wenn Sie sich in einer willensschwierigen Situation befinden.

Ernest Shackleton

Niemals werde ich das Banner einholen,
nie sagen, es war das letzte Mal.
ERNEST SHACKLETON

Der britische Polarforscher Ernest Shackleton wurde am
15.2.1874 im irischen Kilkea geboren. Er wuchs in London
auf, wo sein Vater als Arzt praktizierte. Dieser versuchte
vergebens, ihn zur Wahl des Studiums der Medizin zu motivieren. Ernest Shackleton hatte Sehnsucht nach fernen
Ländern und zog es stattdessen vor, Seemann beziehungsweise Kapitän zu werden. Im Verlauf seines Berufslebens
interessierte er sich immer stärker für Entdeckungsreisen.
1902 nahm er an der Antarktis-Expedition des Polarfor-
schers Robert Scott teil. 770 km vom Ziel entfernt musste
das Unternehmen abgebrochen werden.

1907-1909 unternahm Ernest Shackleton selbst eine Antarktis-Expedition, deren Ziel erneut der Südpol war. Es gelang
ihm nicht, diesen zu erreichen. 180 km vor dem Ziel musste
er umkehren. Zumindest war er aber derjenige Mensch, der
sich dem Südpol am meisten genähert hatte. Diesen Südre-
kord behielt er, bis im Frühjahr 1912 Roald Amundsen dort
als erster Mensch angekommen war. Jetzt suchte er ein neues
Ziel, das bisher noch niemand erreicht hatte. Er nahm sich
vor, die Antarktis auf einer 2800 km langen Route zu durch-
queren, und zwar von der Küste des Weddell-Meeres über
den Südpol bis zum McMurdo-Sund. Zur Aufstellung seiner
Crew veröffentlichte er folgende Anzeige:

»Männer für waghalsige Reise gesucht. Geringe Löhne, extreme Kälte. Monatelange völlige Dunkelheit. Permanente Gefahr, sichere Heimkehr ungewiss. Ehre und Ruhm im Falle eines Erfolgs. Ernest Shackleton, 4, Burlington St.«[44]

Daraufhin erhielt er etwas mehr als 5000 Bewerbungen. Aus diesem Pool wählte er schließlich 27 Männer aus. Sie bildeten die Mannschaft eines Expeditionsschiffs, dem er den Namen »Endurance« (Ausdauer) gab.

Die Endurance verließ am 8. August 1914 die südenglische Hafenstadt Plymouth mit Kurs Südatlantik. Nach Zwischenaufenthalten in Buenos Aires und South Georgia, die der Vorbereitung dienten, begann am 5. Dezember 1914 die eigentliche Expeditionsreise in Richtung Südpol. Anders als berechnet geriet die Endurance ins Treibeis. Das Manövrieren gestaltete sich immer schwieriger. Am 19. Januar war das Schiff im Packeis gefangen. Shackleton resignierte nicht und beschloss, im Eis zu überwintern. Er hoffte immer noch, die Endurance könne sich aus dem Eis befreien. Mithilfe eines ausgeklügelten Beschäftigungsprogrammes und seiner optimistischen Grundhaltung gelang es ihm, die Mannschaft bei Laune zu halten. Seine Hoffnung erfüllte sich leider nicht. Das Eis drückte immer stärker gegen das Schiff. Am 27. Oktober wurde das Schiff aufgegeben und damit auch das Expeditionsziel. Ernest Shackleton richtete sein ganzes Streben auf ein neues Ziel aus. Im Fokus befand sich nun die Rettung der Crew.

Auf einer Eisscholle wurde ein Zeltlager errichtet, das zwei Monate später auf eine andere Scholle verlegt wurde. Trotz der prekären Situation verstand es Shackleton, die positive Mannschaftsmoral aufrechtzuerhalten. Wie dies seine Männer wahrnahmen und erlebten, geht aus dem Tagebuch des Crewmitglieds Wordie hervor: »Der Boss ist wundervoll, er heitert alle auf und ist bei weitem aktiver als jeder andere im Lager.«[45]

Als die Eisscholle auseinanderzubrechen drohte, retteten sich die Überlebenskämpfer in drei Rettungsbooten auf die unbewohnte und felsige Insel Elephant Island. Da immer mehr Expeditionsteilnehmer schwermütig wurden, setzte Ernest Shackleton einen rasch gefassten Entschluss in die Tat um. Er ruderte in Begleitung von fünf Mann mit dem Rettungsboot James Caird in 16 Tagen durch den stürmischen Südatlantik bis nach Südgeorgien. In der King Haakon Bay gingen sie am 10. Mai 1916 an Land. Drei Männer blieben zunächst an der Landungsstelle zurück. Mit zwei anderen überquerte Ernest Shackleton in einer waghalsigen Tour die hohen Berge Südgeorgiens. Am 20. Mai 1916 kamen sie auf der Walfangstation Stromness an der Nordküste an. Wenig später wurden die in der King Haakon Bay Zurückgebliebenen mit einem Schiff abgeholt.

Für Ernest Shackleton war nur ein Zwischenziel erreicht. Es war sein eiserner Wille, die gesamte Crew zu retten. Nach mehreren fehlgeschlagenen Versuchen gelang es ihm schließlich, die auf Elephant Island Wartenden am 20. August 1916 an Bord des Schleppers Yelcho zu bringen. Nach

Abschluss der Rettungsaktion schrieb er seiner Frau: »Ich habe es geschafft ... Keinen Mann verloren und wir sind durch die Hölle gegangen.«[46]

Am 21.9.1921 brach er erneut zu einer Polarexpedition auf. Er wollte den antarktischen Kontinent umrunden und nach verschollenen subantarktischen Inseln suchen. An dieser Entdeckungsreise nahmen einige Mitglieder der Endurance-Expedition teil. Während eines Zwischenaufenthalts in Südgeorgien starb Ernest Shackleton am 5.1.1922 an einem Herzinfarkt. Auf Wunsch seiner Frau Emily wurde er im südgeorgischen Grytviken bestattet.

Helen Keller

Ich habe noch nie ein Kind gesehen,
das so viel Kraft und Ausdauer hat.
ANNE SULLIVAN

Am 27.6.1880 erblickte Helen Keller auf dem Landgut Ivy Green in Tuscumbia, Alabama (USA), als gesundes Kind das Licht der Welt. Ihre Eltern waren der Hauptmann Arthur Keller und dessen Ehefrau Kate. Im Alter von 19 Monaten erkrankte Helen an einer Hirnhautentzündung. Es war für die Eltern und die beiden Halbbrüder ein Schock, als die kleine Helen aufgrund der Infektion ihre Seh- und Hörfähigkeit verlor. Sie war jetzt ein taubblindes Kind, dessen Wahrnehmungsvermögen hochgradig eingeschränkt war. Sie verfügte nur noch über ihren Tast-, Riech- und

Geschmacksinn. Die Kommunikation mit den familiären Bezugspersonen war nur durch Berührung und Handzeichen möglich. In ihrer Not nahmen die Eltern mit dem Bostoner Perkins-Institut für Blinde Kontakt auf. Sie baten um Mithilfe bei der Suche nach einer Privatlehrerin. Michael Anagnos, der Institutsleiter, wurde fündig. Er vermittelte den Kellers die 21jährige Anne Sullivan. Sie war selbst schon einmal aufgrund einer Bindehautentzündung vier Jahre blind und konnte durch eine Operation geheilt werden. Während dieser Zeit erlernte sie das Fingeralphabet. Eine Zeichensprache, in der für jeden Buchstaben eine bestimmte Hand- beziehungsweise Fingerstellung festgelegt ist. Auf ihre sonderpädagogische Aufgabe bereitete sich Ann Sullivan ein halbes Jahr lang vor. Im März 1887 reiste die junge Frau nach Alabama und wurde Helen Kellers Erzieherin und Lehrerin. Ihr Ziel war es, Helen Keller zu einer besseren Verhaltenssteuerung zu verhelfen und ihr mit Hilfe des Fingeralphabets die Welt der Sprache zu erschließen.

Anne Sullivan beschrieb später die Situation, in der sich Helen Keller das erste Wort angeeignet hatte:

»Es hat sich etwas sehr Wichtiges zugetragen. Helen hat gelernt, dass jedes Ding einen Namen hat und dass das Fingeralphabet der Schlüssel zu allem ist, was sie zu wissen verlangt.

Als ich sie heute früh wusch, wünschte sie die Bezeichnung für Wasser zu erfahren. Wenn sie die Bezeichnung für etwas zu wissen wünschte, so deutete sie darauf und streichelte mir die Hand. Ich buchstabierte ihr w-a-t-e-r in die Hand und dachte bis nach Beendigung des Frühstücks nicht mehr daran.

Später gingen wir zu der Pumpe, wo ich Helen ihren Becher unter die Öffnung halten ließ, während ich pumpte. Als das kalte Wasser hervorschoss und den Becher füllte, buchstabierte ich ihr w-a-t-e-r in die freie Hand. Das Wort, das so unmittelbar auf die Empfindung des kalten, über ihre Hand strömenden Wassers folgte, schien sie stutzig zu machen. Sie ließ den Becher fallen und stand wie angewurzelt da. Ein ganz neuer Lichtschein verklärte ihre Züge. Sie buchstabierte das Wort water zu verschiedenen Malen. Dann kauerte sie sich nieder, berührte die Erde und fragte nach dem Namen, ebenso deutete sie auf die Pumpe und das Gitter. Dann wandte sie sich plötzlich um und fragte nach meinem Namen. Ich buchstabierte teacher (Lehrerin) in die Hand.

Auf dem ganzen Rückweg war sie in höchstem Grade aufgeregt und erkundigte sich nach dem Namen jedes Gegenstands. Alles musste jetzt einen Namen haben.

Sobald sie das betreffende Wort kennt, wendet sie ihre früheren Zeichen und Pantomimen nicht mehr an.«[47]

Nach diesem Erfolgserlebnis kam ein intensiver Lernprozess in Gang. Helen Keller füllte ihr Gehirn in erstaunlichem Tempo mit Sprache. Sie war außergewöhnlich lern-

und wissbegierig. Anne Sullivan und die Familie Keller waren begeistert.

Helen Keller eignete sich nicht nur das Fingeralphabet an, sondern auch die Braille-Blindenschrift, den aus erhabenen Buchstaben bestehenden Boston-Line-Type sowie die Quadratschrift. Diese phänomenalen Lernerfolge wurden bald publik. Michael Anagnos hatte im Jahresbericht des Perkins-Instituts über Helen Keller berichtet. Die Medien griffen das »Lernwunder« auf und verbreiteten es. Viele Menschen, darunter auch Prominente wie der US-Präsident Cleveland und der Schriftsteller Mark Twain, waren von der Willens- und Lernleistung des taubblinden Mädchens begeistert. Mark Twain teilte in einem Brief Helen Keller und ihrer Lehrerin seine Wertschätzung mit: »Sie sind ein wunderbares Wesen, das Wunderbarste auf der Welt – Sie zusammen mit Ihrer anderen Hälfte – Miss Sullivan meine ich, denn sie beide waren nötig, um ein vollkommen Ganzes zu bilden.«[48]

Helen Keller entwickelte sich so gut, dass sie am regulären Schulunterricht des Perkins-Instituts teilnehmen konnte. Ihr Wissen wuchs kontinuierlich an. Sie lernte darüber hinaus das Sprechen und das Wörter-Abfühlen von den Lippen des Gesprächspartners. Ihre gesprochene Sprache war allerdings nur schwer zu verstehen. Dies entmutigte sie jedoch nicht. Ihr Bildungshunger war unstillbar. Ihr nächstes Ziel war der Erwerb eines Hochschulabschlusses. Im Juni 1890 bestand sie die Aufnahmeprüfung am Radcliffe College in Boston. Während ihres Studiums lernte sie mehrere Fremdsprachen. Sie schloss es mit dem Titel Bachelor of Arts erfolgreich ab. Nach dem Studienabschluss begann ihre Karriere als Schriftstellerin. Zehn Bücher waren das Resultat ihres kreativen Schaffens.

Immer wieder unternahm sie Vortragsreisen, die sie in viele Länder führte. Bewundernswert war auch ihr Engagement für die Rechte benachteiligter Menschen und die Weiterentwicklung der Blindenpädagogik. In Würdigung ihrer Leistungen wurden ihr mehrere Ehrendoktortitel verliehen.

Helen Keller war weltweit bekannt als eine Frau, die ihr Schicksal vorbildlich bewältigte. Viele Menschen trauerten, nachdem am 1.6.1968 in Easton, Connecticut (USA), ihr Leben zu Ende gegangen war.

Geschwister Scholl

Wir wissen nun von Hans Scholl und seiner Schwester ...
Brave, herrliche Leute! Ihr sollt nicht
umsonst gestorben, sollt nicht vergessen sein.
THOMAS MANN

Die Erinnerung an den Widerstand gegen die nationalsozialistische Diktatur ist eng verknüpft mit den Ulmer Geschwistern Hans und Sophie Scholl. Beide gehörten der Münchner Widerstandsgruppe Weiße Rose an. Ihre Eltern, Robert und Lina Scholl, standen dem Nationalsozialismus ablehnend gegenüber. Trotz der Tatsache, dass die

Scholl-Kinder nach christlich-humanitären Werten erzogen wurden, waren diese anfangs von dem Hitler-Regime angetan. Wie Millionen deutscher Jugendlicher wurden sie vom Führer in den Bann gezogen und geblendet. Hans Scholl engagierte sich in der Hitlerjugend, Sophie Scholl im Bund deutscher Mädel. Dort übernahmen sie Führungsämter, was Konflikte mit Vater und Mutter erzeugte.

Hans und Sophie Scholls Begeisterung für die Nationalsozialisten ließ allmählich nach. Sie entwickelten eine Allergie gegen das diktatorische System und die geistige Gleichschaltung. In ihrem Ulmer Freundeskreis versuchten sie ein eigenständiges Geistes- und Freizeitleben zu führen.

Nach Beginn des Zweiten Weltkriegs verstärkte sich ihre Distanz zum NS-System. Was sie erfuhren und erlebten, erschütterte sie zutiefst. Die NS-Herrschaft wurde brutaler und inhumaner: Judendeportationen, Massenerschießungen und Euthanasie an Behinderten. Und an den Fronten mussten immer mehr Soldaten ihr Leben lassen. In ihrer Seele keimte der Wille zum Widerstand. Noch war ihr Widerstand passiv, aber der Handlungsdruck, den ihr Gewissen ausübte, wuchs. Im Juni 1942 war es soweit, mit Gleichgesinnten wurde in München die Widerstandsgruppe Weiße Rose gegründet. Der Schritt vom Widerstandswillen zum Widerstandshandeln war vollzogen. Die ersten Flugblätter wurden verfasst und verbreitet. Damit wollten sie die Menschen wachrütteln und sie zum Widerstand motivieren. Der Schlusssatz des vierten Flugblattes lautete: »Wir schweigen nicht, wir sind Euer böses Gewissen, die Weiße Rose lässt Euch keine Ruhe!«[49]

Die Flugblattaktionen mussten eine Zeitlang eingestellt werden, da der Medizinstudent Hans Scholl zu einem mehrmonatigen Fronteinsatz nach Russland beordert wurde. Nach seiner Rückkehr im Spätherbst 1942 wurde die Widerstandsarbeit der Weißen Rose wieder aufgenommen. Weitere Flugblätter wurden mit höherer Auflage als bisher nicht nur in München, sondern auch außerhalb unters Volk gebracht.

Der Widerstandswille der Geschwister Scholl wuchs weiter, nachdem Anfang 1943 die 6. Armee in Stalingrad kapituliert hatte. Um in der Bevölkerung noch mehr Gewissensbisse zu erzeugen, bemalte man in München Hausfassaden mit Parolen wie »Nieder mit Hitler« und »Freiheit«. Trotz des hohen Risikos, entdeckt zu werden, setzten Hans und Sophie Scholl ihr mutiges Handeln fort. Am 18. Februar 1943 wurden sie nach einer Flugblattaktion im Hauptgebäude der Universität München festgenommen. Vier Tage später mussten sie sich vor einem Schwurgericht, dem Hitlers Blutrichter Roland Freisler vorstand, im Münchner Justizpalast verantworten. Bevor Hans Scholl am Morgen des Prozesses aus seiner Zelle geführt wurde, schrieb er folgenden Goethesatz an die Wand: »Allen Gewalten zum Trutz sich erhalten.«[50] Er und seine Schwester standen zu ihren Widerstandtaten. Sie wurden zum Tode verurteilt.

Kurz vor der Hinrichtung am 22. Februar 1943 durften sich die Geschwister Scholl zusammen mit dem zur selben Strafe verurteilten Weiße Rose-Mitglied Christoph Probst ein letztes Mal sehen. Auf dem Weg zur Guillotine rief Hans Scholl: »Es lebe die Freiheit.«[51] Die Leichname der Hingerichteten wurden am 24. Februar 1943 auf dem Friedhof am Perlacher Forst bestattet.

Ihr Eintreten für die höchsten Werte der menschlichen Zivilisation mussten die Geschwister Scholl mit dem Leben bezahlen. Obwohl von niemandem ein solches Opfer verlangt werden kann, sind sie und ihre Mitstreiter bewundernswerte Vorbilder für willensstarke Zivilcourage. Sie ermutigen uns dazu, in schwierigen moralischen Konfliktsituationen unserem Gewissen zu folgen, Widerspruch anzumelden und Widerstand zu leisten. Insbesondere dort, wo die Grundwerte und Ideale unserer demokratischen Zivilisation auf dem Spiel stehen.

Emil Zatopek

Wenn ein Mensch einmal trainiert, passiert nichts. Aber wenn dieser Mensch sich überwindet, ein und dieselbe Sache hundert oder tausend Mal zu tun, wird er sich nicht nur körperlich weiterentwickeln.
EMIL ZATOPEK

Emil Zapotek wurde am 19. September 1922 im obermährischen Kopřivnice, Tschechien, geboren. Anfangs deutete nichts darauf hin, dass er später einmal ein weltberühmter Leichtathlet werden würde, bekannt auch unter dem Spitznamen »Tschechische Lokomotive«. Während seiner Kindheit und Jugendzeit war er sportlich nicht aktiv. Man hielt ihn für physisch schwach.

Als 19-Jähriger nahm er an einem Betriebssportfest der Bata-Werke in Zlin teil. Er wählte als Disziplin den 1400-Meter-Langlauf und wurde mit einer sehr guten Zeit Zweiter. Dies motivierte ihn, Langläufer zu werden. Er trainierte zielbewusst und arbeitete sich in den kommenden Jahren an die nationale Spitze empor.

Sein nächstes Ziel war es, auch international zu reüssieren. 1946 und 1947 wurde die Sportwelt auf ihn aufmerksam, als er bei Länderkämpfen und internationalen Leichtathletikveranstaltungen mehrmals siegte. In aller Munde war er, als er bei den Olympischen Spielen in London über 10000 Meter Gold und über 5000 Meter Silber gewann. Man war erstaunt, dass Emil Zatopek trotz seines schwergängigen, unorthodoxen Laufstils so weit nach oben gelangt war. Aus der Retrospektive wurde diese besondere Art der zatopekschen Fortbewegung von Jean Echenoz in dessen Buch »Laufen« so beschrieben:

»Ein völlig unmöglicher Stil. Bei Emil hat man den Eindruck, als würde er schaufeln, mit bloßen Händen schuften, wie in Trance, wie ein Erdarbeiter. Fern aller theoretischen Vorgaben, fern jedes Gedankens an so etwas wie Eleganz, kämpft Emil sich voran, schwer, zerquält, gemartert, ruckartig. Er verhehlt nicht, wie grausam er sich müht, es ist seinem verzerrten, verkrampften, grimassierenden, fortwährend von einem Zucken heimgesuchten Gesicht eingeschrieben, wahrlich kein schöner Anblick. Er wirkt abwesend beim Laufen, auf schreckliche Weise woanders, so konzentriert, dass er nicht da ist.«[52]

Nach seinen Olympia-Erfolgen in London wurde Emil Zatopek in Prag wie ein Nationalheld empfangen und gefeiert. Der Staatspräsident Gottwald beförderte den Berufssoldaten zum Oberleutnant.

Als 1952 die Olympischen Spiele in Helsinki nahten, wurde Emil Zatopek Monate lang von einer gravierenden Erkältung geplagt. Erst sechs Wochen vor dem sportlichen Großereignis konnte er voll ins Vorbereitungstraining einsteigen. Die Sportexperten waren bezüglich seiner Chancen skeptisch. Doch er widerlegte alle Zweifel. Er holte dreimal Gold: über 5000 Meter, über 10000 Meter und im Marathonlauf. Jetzt befand er sich im Zenit seiner Sportkarriere. Bis dato hatte noch niemand über die Langstrecke dermaßen triumphiert. Emil Zatopek war überaus glücklich – auch deshalb, weil in Helsinki seine Ehefrau Dana im Speerwerfen Erste wurde.

Bei den Europameisterschaften 1954 gewann Emil Zatopek im 5000-Meter-Lauf Gold und im 10000-Meter-Lauf Bronze. Danach bröckelte die Dominanz des inzwischen 32-Jährigen. Er musste gegen jüngere Konkurrenten Niederlagen einstecken.

Bei den nächsten Olympischen Spielen, die 1956 in Melbourne stattfanden, wollte Emil Zatopek es noch einmal wissen. Sein Ziel war die Titelverteidigung im Marathonlauf. Möglicherweise wäre dies ihm gelungen, wenn er nicht sechs Wochen vor dem Wettbewerb einen Leistungsbruch erlitten hätte. Immerhin kam er als Sechster ins Ziel.

1957 beendete der Wunderläufer seine Karriere. Die gesamte Laufstrecke seines Läuferlebens belief sich auf mehr als 80000 Kilometer. Seinen zahlreichen Erfolgen lag aus seiner Sicht folgendes Rezept zugrunde:

»Man nehme: eine große Portion ›Ich höre nur auf mich selbst‹. Einen großen Löffel ›Lass die anderen reden, ich laufe einfach‹. Ein Kilo ›Lass die anderen lachen, ich lache sie aus, wenn ich im Ziel bin‹. Dazu: Ein Pfund Spaß. Ein Pfund Leidenschaft. Und eine große Portion Gelassenheit. Alles kräftig durchmischen. Fertig. Vielleicht noch einen süßen Guss: ›Einfachheit‹ über alles.«[53]

Emil Zatopek wurde nach seinem Karriereende Leiter des Referats Armeesport im tschechischen Verteidigungsministerium. Er war Ehrengast bei nationalen und internationalen Sportveranstaltungen. Und er durfte immer wieder Auslandsreisen unternehmen.

Als im August 1968 Truppen des Warschauer Pakts dem Prager Frühling ein blutiges Ende bereiteten, fiel Emil Zatopek in Ungnade. Er hatte offen Sympathie für den tschechischen Reformsozialismus bekundet und gegen die militärische Intervention protestiert. Deshalb wurde er aus der Armee entlassen und gedemütigt. Zeitweise musste er seinen Lebensunterhalt als Müllmann verdienen. Später lockerte das Regime die Daumenschrauben. Er erhielt einen Arbeitsplatz in einem Sport-Dokumentationszentrum und durfte unter Auflagen ins Ausland reisen.

Nach dem politischen Systemwechsel im Jahre 1989 wurde Emil Zatopek von der neuen demokratischen Regierung vollständig rehabilitiert. In den neunziger Jahren wurde er immer wieder zu großen Sportereignissen eingeladen. Als die tschechische Lokomotive am 21. November 2000 ihr Leben ausgehaucht hatte, trauerten Millionen im In- und Ausland. Das Internationale Olympische Komitee zeichnete ihn posthum mit der Pierre-de-Coubertin-Medaille für außergewöhnliches sportliches Verhalten aus.

Die Tschechen hatten ihren Nationalhelden zum »Athleten des 20. Jahrhunderts« gewählt. Er war allerdings kein geborener Ausnahmeathlet, dem der Erfolg in die Wiege gelegt wurde. Er musste seine Leistungsfähigkeit selbst entwickeln. Zum einen half ihm dabei seine Willensstärke, zum anderen seine Ausdauer. Letztere erwarb er sich durch ein beispiellos hartes Training. Wöchentlich legte er durchschnittlich 265 Trainingskilometer zurück.

Viktor Frankl

Der Wille zum Sinn bestimmt unser Leben!
VIKTOR FRANKL

Viktor Frankl, weltweit als Begründer der Sinntherapie bekannt, wurde am 26. März 1905 als Sohn jüdischer Eltern in Wien geboren. Schon während seiner Gymnasialzeit beschäftigte er sich mit psychologischen Themen. Und er korrespondierte mit den berühmten Wiener Psychotherapeuten Sigmund Freud und Alfred Adler. Von 1924 bis 1930 studierte er Humanmedizin. Noch während seiner Studienzeit war er an der Einrichtung von Beratungsstellen für psychisch belastete Jugendliche beteiligt. Außerdem organisierte er einen Zeugnisnotdienst zur Prävention von Schülerselbstmorden. Nach dem Studium absolvierte er eine neurologische Ausbildung. Von 1933 bis 1937 war er Oberarzt am Wiener Psychiatrischen Krankenhaus. Sein Arbeitsschwerpunkt war die Behandlung selbstmordgefährdeter Frauen. Danach ließ er sich als Facharzt für Neurologie und Psychiatrie nieder.

Nachdem Österreich 1938 an Nazideutschland angeschlossen worden war, begann für Viktor Frankl eine sehr schwierige Zeit. Er durfte keine arischen Patienten mehr behandeln, sondern nur noch Juden. 1940 wurde er Leiter der neurologischen Abteilung am jüdischen Rothschild-Spital. In dieser Einrichtung versuchte er durch falsche Diagnosen Patienten vor der Euthanasie zu retten.

Als Viktor Frankl im Lauf des Jahres 1940 vom amerikanischen Konsulat ein Visum zur Ausreise in die USA erteilt wurde, machte er von dieser Rettungsmöglichkeit keinen Gebrauch. Er wollte seinen Eltern beistehen. Zusammen mit ihnen und seiner Frau Tilly wurde er 1942 ins Ghetto Theresienstadt deportiert. In diesem NS-Zwangslager lebten 88000 Juden auf engstem Raum. Die arbeitsfähigen Lagerinsassen mussten bei miserabler Ernährung Zwangsarbeit verrichten. Viktor Frankl bekam das dort herrschende Gewaltsystem an sich selbst spüren. Er wurde gedemütigt und geschlagen. 1943 musste er von seinem Vater schmerzlich Abschied nehmen, der im Zustand völliger Erschöpfung starb.

Obwohl die Deportation in ein Vernichtungslager drohte, gab Viktor Frankl nicht auf. Er war von einem starken Überlebenswillen beseelt. Er sah seine Sinnerfüllung darin, die Extremsituation zu bewältigen. Dabei entwickelte er auch Überlebensstrategien. So projizierte er zum Beispiel auf seine innere Leinwand immer wieder positive Zukunftsbilder wie das folgende:

»Da stellte ich mir vor, ich stünde an einem Rednerpult in einem großen, schönen, warmen und hellen Vortragssaal und sei im Begriff, vor einer interessierten Zuhörerschaft einen Vortrag zu halten unter dem Titel ›Psychotherapeutische Erfahrungen im Konzentrationslager‹ und ich spräche gerade von alledem, was ich – soeben erlebte.«[54]

Zwei Jahre nach dem Beginn der Lagerhaft in Theresienstadt schlug das Schicksal erneut zu. Viktor und Tilly

Frankl wurden nach Auschwitz deportiert, die Mutter wenige Zeit später. Nach der Ankunft in Auschwitz entschied ein für die Selektion zuständiger SS-Mann über sein Schicksal. Dieser musterte ihn kurz und deutete mit einer Handbewegung nach rechts. Damit wurde Viktor Frankl als arbeitsfähig eingestuft. Wäre das Selektionsurteil anders ausgefallen, hätte dies den Gang in die Gaskammer bedeutet.

Viktor Frankl hatte zweifaches Glück im Unglück. Zum einen war er der Vernichtung entkommen. Zum anderen war sein Auschwitz-Aufenthalt rasch zu Ende. In einem Viehwagen wurde er ins KZ Kaufering und von dort einige Zeit später ins KZ Dachau-Türkheim transportiert, wo er ärztliche Tätigkeiten verrichten musste. Seine Hoffnung blieb trotz des unsäglichen Elends ungebrochen. Die Trotzmacht seines Willens verhalf ihm zum Überleben.

Am 27. April 1945 wurde Viktor Frankl von US-Truppen befreit. Danach erfuhr er, dass seine Mutter, sein Bruder und seine Frau Tilly das KZ nicht überlebt hatten. Es kostete ihn viel Kraft, die seelischen Schmerzen zu bewältigen. Stärkste Stütze war dabei sein starker Wille zum Sinn.

Der Überlebende nahm 1946 seine ärztliche Berufstätigkeit wieder auf. Er wurde Leiter der Wiener Neurologischen Poliklinik. 1955 wurde er zum Universitätsprofessor ernannt. Er verfasste zahlreiche Fachbücher und lehrte als Gastprofessor an ausländischen Universitäten. 1970 richtete ihm die Universität San Diego einen Lehrstuhl für Sinntherapie ein. Für seine außergewöhnliche Lebensleistung verlieh ihm die Stadt Wien 1995 die Ehrenbürgerwürde. Am 2. September 1997 ging sein sinnerfülltes Leben zu Ende.

Nelson Mandela

Wir wussten, es ist möglich – darum haben wir es getan.
NELSON MANDELA

Der Anti-Apartheid-Kämpfer Nelson Mandela wurde am 18.7.1918 im transkeiischen Dorf Mvezo als Sohn des Tembu-Häuptlings Gadla Henry Mandela geboren. Später zog er mit seiner Mutter in das nicht weit entfernte Dorf Qunu, wo er ab 1925 die Methodistenschule besuchte. Nach dem Besuch weiterführender Schulen im Clarkebury Boarding Institute und im Missions-College in Healdtown trat er 1939 in das Missionscollege Fort Harare in Alice ein. Hier betätigte er sich zum ersten Mal politisch. Weil er einen Studentenstreik organisierte, wurde er 1940 vom College ausgeschlossen. Er zog nach Johannesburg, wo er in einer Kanzlei als Anwaltsgehilfe Arbeit fand. Währenddessen holte er seinen College-Abschluss in einem Fernkurs nach.

1944 schloss sich Nelson Mandela dem African National Congress (ANC) an. Er identifizierte sich mit dem Hauptziel dieser Organisation: die Errichtung einer demokratischen Gesellschaft in Südafrika. Als 1948 die National Party aus den Parlamentswahlen siegreich hervorging, schuf die neue Regierung unter Führung von Jan Smuts ein menschenverachtendes Apartheid-System. Die Bevölkerung wurde in vier Rassen eingeteilt: Weiße, Asiaten, Schwarze und Coloured. Die Weißen kontrollierten den Staat total, die anderen »Rassen« wurden zur Unterordnung und zum Gehorsam gezwungen. Nelson Mandela und seine Mitkämpfer widersetzten sich diesem Unrechtsregime durch Massenproteste und zivilen Ungehorsam. Zur Strafe wurde er vom inzwischen begonnenen Jurastudium an der Witwatersrand-Universität in Johannesburg ausgeschlossen. Er ließ sich davon nicht beeindrucken und studierte auf dem Fernstudienweg weiter. Nach dem Studienabschluss gründete er zusammen mit seinem Kampfgefährten Oliver Tambo eine Anwaltskanzlei. 1952 wurde er zum Vizepräsident des ANC gewählt.

Der Kampf für die Freiheit und gegen das System von Unterdrückung und Ungerechtigkeit wurde für Nelson Mandela folgenreich. Er bekam die Reaktionen der Herrschenden schmerzvoll zu spüren. Zunächst waren es Verhaftungen, Bewährungsstrafen, Hausarreste und politische Betätigungsverbote. Solche Maßnahmen hielten den Freiheitskämpfer nicht davon ab, seinen Zielen treu zu bleiben.

Im März 1960 wurden Teilnehmer einer Demonstration des ANC von Polizisten erschossen. Diese furchtbare Tat, auch Massaker von Sharpeville genannt, führte in der Bürgerrechtsbewegung zu einem Strategiewechsel. Man schloss jetzt Sabotage-Aktionen nicht mehr aus. Das Apartheid-Regime sprach von Terrorismus und verbot den ANC. Anfang 1962 reiste der mittlerweile in den Untergrund abgetauchte Nelson Mandela illegal ins Ausland, um für die Unterstützung des ANC zu werben. Nach seiner Rückkehr wurde er verhaftet und zu fünf Jahren Gefängnis verurteilt. Noch während seiner Haftzeit fand ein neuer Prozess statt, an dessen Ende er mit lebenslanger Haft wegen Sabotage, Terrorismus und Hochverrat bestraft wurde. Vor Gericht verteidigte er seinen Widerstand:

»Mein Leben lang habe ich mich diesem Kampf des afrikanischen Volkes gewidmet. Ich habe gegen weiße Vorherrschaft gekämpft und ich habe gegen schwarze Vorherrschaft gekämpft. Ich habe das Ideal der Demokratie und der freien Gesellschaft hochgehalten, in der alle Menschen in Harmonie und mit gleichen Möglichkeiten zusammenleben. Es ist ein Ideal, für das ich zu leben und das ich zu erreichen hoffe. Doch wenn es sein soll, so bin ich für dieses Ideal auch zu sterben bereit.«[55]

Bis 1982 verbrachte Nelson Mandela auf der Felseninsel Robben Island eine extrem harte Haftzeit. Immer wieder versuchte man seinen Widerstand durch Phasen der Isolationshaft zu brechen. Der Bürgerrechtler blieb aufgrund seines starken Willens standhaft.

1982 wurde Nelson Mandela ins Pollsmoor-Gefängnis in Kapstadt verlegt. Drei Jahre später bot man ihm die Haftentlassung an. Allerdings unter der Voraussetzung, dass der ANC einen Gewaltverzicht leistet. Er lehnte das Angebot ab. Wegen einer Tuberkulose-Erkrankung wurde er 1988 ins Victor-Verster-Gefängnis in Paarl verlegt. Nachdem sich unter der Präsidentschaft von Frederic de Klerk das Ende der Apartheid abzeichnete, wurde Nelson Mandela am 11. Februar 1990 nach 10000 Tagen aus der Haft entlassen. Es gelang ihm, dieser Leidenszeit noch etwas Positives abzugewinnen: »Am Gefängnis ist nichts, was einen erfreuen könnte. Mit einer möglichen Ausnahme. Man hat Zeit zum Nachdenken.«[56]

Nelson Mandela plädierte vom ersten Tag seiner Freiheit leidenschaftlich für Versöhnung und einen friedlichen Übergang in ein demokratisches Südafrika. 1993 wurden er und Frederic de Klerk mit dem Friedensnobelpreis geehrt. Ein Jahr später gewann der ANC die ersten freien Wahlen Südafrikas. Und Nelson Mandela wurde zum ersten schwarzen Präsidenten gewählt. Nach Ende seiner Amtszeit verließ er 1999 die aktive Politik. Bis zu seinem Tod am 5.12.2013 setzte er sich weltweit für die Menschenrechte ein. Für sein Lebenswerk erhielt er zahlreiche Auszeichnungen und Ehrungen.

Martin Luther

Ich bewundere die unglaubliche Kraft und Willensstärke,
mit der er seine Ideen und Erkenntnisse verfolgt hat.
ULRICH HILZINGER

Der große Reformator Martin Luther wurde am 18. Februar 1483 in Eisleben als Sohn eines Bergmanns geboren. Seine schulische Bildung erhielt er in der Mansfelder Stadtschule, in der Magdeburger Domschule und in der Pfarrschule St. Georgen in Eisenach. Von 1501 bis 1505 absolvierte er ein Grundstudium an der Universität Erfurt, das er mit dem Magister artium abschloss. Danach nahm er auf Wunsch seines Vaters ein Jurastudium auf. Zwei Monate nach dem Studienbeginn geriet er auf dem Weg von Eisleben nach Erfurt in ein heftiges Gewitter, das in ihm eine panische Angst auslöste. Er gelobte, Mönch zu werden, wenn er es überleben würde. Zwei Wochen später trat er gegen den Willen seines Vaters in das Erfurter Kloster der Augustiner-Eremiten ein. 1507 wurde er zum Priester geweiht. Im Herbst 1508 begann er an der Universität Wittenberg Theologie zu studieren. An derselben Hochschule wurde er 1512 zum Doktor der Theologie promoviert. Danach übernahm er eine Professur für Bibelauslegung. In der Folgezeit betrachtete er das Lehrgebäude der Kirche und ihre religiöse Praxis immer kritischer. Sein besonderes Missfallen erregte das Ablass-System. Den Gläubigen wurde suggeriert, dass ihnen eine begrenzte oder vollständige Aufhebung zeitlicher Sündenstrafen gegen Zahlung eines Geldbetrags gewährt würde. Gemäß dem Spruch des Ablasspredigers Johann Tetzel: »Sobald der Gülden im Becken klingt, im huy die Seele im Himmel springt.«[57]

1516 begann Martin Luther seine Absicht, öffentlich zu protestieren, zu verwirklichen. In seinen Predigten kritisierte er den Ablasshandel. Das wichtigste Zeichen setzte er am 31.10.1517, als er seine 95 Thesen über die Kraft des Ablasses am Hauptportal der Schlosskirche in Wittenberg anschlug. Diese mutige Aktion erzeugte einen Widerhall ungeahnten Ausmaßes. Seine Thesen waren nicht nur gegen die Ablasspraxis gerichtet, sondern beinhalteten auch Forderungen nach einer Erneuerung der Kirche. Er wollte diese im Sinne eines an der Bibel orientierten Christentums reformieren.

Kardinal Albrecht von Mainz wandte sich gegen die aus seiner Sicht ketzerischen Aktivitäten des Wittenberger Mönchs. Martin Luther wurde aufgefordert, sich im Vatikan vor der Kurie zu verantworten. Der mit ihm sympathisierende Kurfürst Friedrich der Weise von Sachsen verhinderte dies. Stattdessen fand das Verhör im August 1518 statt, und zwar durch den Kardinal Thomas Cajetan. Luther weigerte sich, seine Thesen zu widerrufen. Die von der Kurie geforderte Auslieferung lehnte Friedrich der Weise ab.

Als Martin Luther 1519 in Leipzig mit dem Theologen Dr. Johann Eck über die 95 Thesen disputierte, wurde sein Gegensatz zum kirchlichen Lehrgebäude und zum Papsttum deutlich sichtbar. Rom drohte darauf dem Kirchenrebell den Bann an. Dieser wurde zum Widerruf beziehungsweise zur Unterwerfung aufgefordert. Martin Luther beugte sich nicht und verbrannte die Bannandrohungsbulle. Jetzt war der Bruch mit dem Papsttum perfekt. Am 3. Januar 1521 erfolgte die Exkommunikation.

Auf Drängen von Kurfürst Friedrich dem Weisen erhielt der rebellische Mönch nochmals Gelegenheit, sich für seine Kirchenkritik zu verantworten. Als Ort wurde Worms festgelegt, wo 1521 der Reichstag stattfand. Man sicherte Martin Luther freies Geleit zu. Kaiser Karl V. forderte den Kirchenrebell am 21. April 1521 zum Widerruf seiner Thesen auf. Dieser wollte einen Tag darüber nachdenken. Am Abend des 22. April teilte er dem Kaiser seine Entscheidung mit:

»Ich kann und will nicht widerrufen, weil weder sicher noch geraten ist, etwas wider das Gewissen zu tun. Es sei denn, dass ich mit Zeugnissen der Heiligen Schrift oder mit öffentlichen, klaren und hellen Gründen und Ursachen widerlegt werde, denn ich glaube weder dem Papst noch den Konzilen allein, weil es offensichtlich ist, dass sie oft geirrt und sich selbst widersprochen haben. Gott helfe mir. Amen.«[58]

Kaiser Karl V. war über Martin Luthers Widerstand sehr verärgert. Er verhängte später über ihn die Reichsacht und erklärte ihn für vogelfrei.

Auf dem Weg zurück von Worms ließ Friedrich der Weise Martin Luther zum Schein entführen und brachte ihn auf der Wartburg in Sicherheit. Dort übersetzte er das Neue Testament ins Deutsche. Am 1. März 1522 kehrte der Theologieprofessor nach Wittenberg zurück. Willenskräftig setzte er seine reformatorische Arbeit fort. Die kirchliche Erneuerungsbewegung nahm ihren unaufhaltsamen Lauf. Ursprünglich war es nicht seine Absicht, eine neue Kirche zu gründen. Er wollte lediglich Missstände beseitigen. Als er am 18. Februar 1546 starb, war die Welt aufgrund seines starken Willens eine andere geworden.

Bertha von Suttner

Die Waffen nieder! Sagt es vielen, vielen.
BERTHA VON SUTTNER

Die Friedensaktivistin und Schriftstellerin Bertha von Suttner wurde am 9. Juni 1843 in Prag geboren. Noch vor ihrer Geburt starb ihr Vater Franz Michael Graf Kinsky. Ihre Mutter, geborene Sophie Wilhelmine von Körner, zog mit der Familie zunächst nach Brünn und später nach Wien.

Nachdem diese in Wien das familiäre Erbe leichtsinnig durchgebracht hatte, musste Bertha von Suttner ihren Lebensunterhalt selbst verdienen. Die sehr gebildete junge Frau fand eine Anstellung als Gouvernante in der Familie des Industriellen Freiherr Karl von Suttner.

Als herauskam, dass sie sich in dessen sieben Jahren jüngeren Sohn Arthur verliebt hatte, musste sie ihre Stellung quittieren. Die beiden heirateten heimlich und flohen nach Georgien im Kaukasus.

In ihrem »Exil« lebten sie in bescheidenen Verhältnissen. Sie hielten sich hauptsächlich durch Lohntätigkeiten und journalistisch-schriftstellerische Arbeit über Wasser. Im Mai 1885 kehrten Arthur und Bertha von Suttner nach Österreich zurück. Es gab eine Aussöhnung mit der Familie Suttner. Das Familienschloss im niederösterreichischen Harmannsdorf wurde ihr neuer Wohnsitz.

In ihrer Heimat setzte Bertha von Suttner ihre Autorentätigkeit mit einem neuen Ziel fort. Sie nahm sich vor, für eine friedliche Welt schreibend zu kämpfen. Der Pazifismus wurde zu ihrem Lebensthema. Dies war eine mutige Entscheidung, denn die Welt war durch und durch bellizistisch.

Sie begann einen Anti-Kriegs-Roman zu schreiben, der 1889 unter dem Titel »Die Waffen nieder!« erschien. In diesem Buch zeigte sie klar und eindrücklich den Wahnsinn des Krieges auf:

»Rache und immer wieder Rache! Jeder Krieg muss einen Besiegten aufweisen und wenn dieser nur in einem nächsten Krieg Genugtuung finden kann, einem nächsten, der natürlich wieder einen Genugtuung heischenden Besiegten schaffen wird – wann nimmt das ein Ende? Wie kann Gerechtigkeit erlangt, wann altes Unrecht gesühnt werden, wenn als Sühnemittel immer wieder neues Unrecht angewendet wird? Keinem vernünftigen Menschen wird es einfallen, Tintenflecken mit Tinte, Ölflecken mit Öl wegputzen zu wollen – nur Blut, das soll immer wieder mit Blut ausgewaschen werden!«[59]

Das Buch machte Bertha von Suttner weltweit bekannt. Es war der Auftakt zu ihrem pazifistischen Engagement. Sie entwarf eine Vision für eine Welt ohne Krieg. Sie plädierte leidenschaftlich dafür, dass die Menschen ihre Konflikte friedlich, statt gewaltsam lösen. Sie schlug die Bildung eines internationalen Schiedsgerichts vor.

Bertha von Suttner wurde zu einer Exponentin der Friedensbewegung. Als 1891 die Österreichische Friedensgesellschaft gegründet wurde, wurde sie deren Präsidentin. Im November desselben Jahres trat sie auf dem 3. Friedenskongress in Rom auf. Immer wieder reiste sie ins Ausland, um als Vortragsrednerin für die Sache des Friedens tätig zu werden.

1899 war die Pazifistin Mitorganisatorin der Ersten Haager Friedenskonferenz in Den Haag. Auf dieser und der acht Jahre später stattfindenden Konferenz beriet man über das Kriegsrecht, die Abrüstung und die Konfliktschlichtung. Wichtigste Ergebnisse waren die Haager Landkriegsordnung und die Errichtung eines Schiedsgerichtshofs.

1904 unternahm Bertha von Suttner eine Vortragsreise durch die USA, wo sie viele Vorträge hielt und für ihr Engagement bewundert wurde. Während ihres Aufenthalts wurde sie auch vom Präsidenten Theodore Roosevelt empfangen.

Am 10.12.1905 wurde der Weltöffentlichkeit bekanntgegeben, dass Berta von Suttner als erster Frau der Friedensnobelpreis zugedacht wurde. Am 18. April 1906 wurde er ihr überreicht. Sie befand sich auf dem Gipfel ihrer Popularität. Diese nutzte sie, um noch vehementer für den Weltfrieden einzutreten. Stetig warnte sie vor einem großen internationalen Krieg. Kurz bevor dieses Ereignis Wirklichkeit wurde, starb sie am 21. Juni 1914 an Magenkrebs.

Zum Nachdenken

Als der chinesische Dichter Li Bai noch ein Kind war, wurde er auf eine Schule geschickt, um die Dichtkunst zu erlernen. Doch die Bücher erschienen Li Bai zu schwierig, er verstand sie nicht und schwänzte oft den Unterricht, um auf der Straße zu spielen.

Eines Tages sah er am Straßenrand eine alte Frau auf einem niedrigen Hocker sitzen, die geduldig eine eiserne Keule mit einem Schleifstein bearbeitete. »Was tust du da?«, fragte er die Alte. Die blickte kurz auf und sagte: »Ich mache mir eine Nadel zum Stricken.«

Der kleine Li Bai war verblüfft. »Wie kann das sein, dass du aus so einem großen Stück Eisen eine Nadel machst?« Die alte Frau wandte sich ihm zu: »Das weißt du nicht? Diese Eisenkeule ist zwar groß, aber ich schleife sie jeden Tag. Muss sie dann nicht irgendwann zu einer Nadel werden?«

Li Bai kam ins Nachdenken. »Die alte Frau hat Recht«, sagte er sich. »Wenn man geduldig und ausdauernd ist, wenn man jeden Tag an seiner Aufgabe sitzt, dann kann man alles schaffen.« Er wandte sich um, kehrte in die Schule zurück und fing an, die Bücher, die er nicht verstehen konnte, zu studieren.

Tang Zhen

7. Wichtige Willenstipps

1. Ihr Wille ist kein Schicksal. Betrachten Sie ihn als eine psychische Funktion, die Sie verbessern und stärken können.
2. Setzen Sie Ihren Willen gezielt ein, wenn Sie ein schwieriges Ziel ins Handeln umsetzen möchten.
3. Entwickeln Sie zunächst ein zugkräftiges mentales Zielbild, das Ihrem Handeln auf die Sprünge hilft.
4. Stellen Sie sich lebhaft vor, wie Sie sich nach gelungener Zielverfolgung fühlen würden.
5. Planen Sie den Weg zum Ziel in Form konkreter Zwischenetappen.
6. Teilen Sie Ihr Ziel anderen Personen mit, um einen Erwartungssog zu erzeugen.
7. Überlegen Sie, welche Hindernisse auf dem Weg zum Ziel möglicherweise auftauchen und wie diese bewältigt werden können.
8. Steuern Sie bewusst Ihre Aufmerksamkeit und schirmen Sie Ablenkungen und Verlockungen ab.
9. Ziehen Sie immer wieder Zwischenbilanzen und korrigieren Sie, falls nötig, Ihren Handlungsplan.
10. Bewältigen Sie den Handlungsstress durch Pausen, Entspannungsübungen und positives Denken.

11. Wirken Sie dem Aufschubverhalten gezielt entgegen. Sagen Sie zu sich: »Tu`s gleich!« Packen Sie das Unangenehme direkt an. Einem konzentrierten Angriff kann Ihre Unlust nicht standhalten.
12. Glauben Sie an sich und an die Kraft Ihres Willens.
13. Rufen Sie in willensschwierigen Phasen erfolgreiche Willenshandlungen in Erinnerung.
14. Denken Sie an willensstarke Vorbilder, die ähnlich schwierige Hindernisse überwunden haben.
15. Begreifen Sie Misserfolge als Chance, Ihre Zielverfolgung zu verbessern.
16. Belohnen Sie sich für die Bewältigung von Zwischenzielen und für die Erreichung des Endziels.
17. Nutzen Sie die Zeit nach der Zielerreichung für eine Abschlussbilanz.
18. Trainieren Sie Ihre Willenskraft regelmäßig, indem Sie sich von Alltagshürden herausfordern lassen.
19. Denken Sie daran, dass Sie Ihren Willen auch durch richtige Hirnnahrung und positives Denken stärken können.
20. Überschätzen Sie Ihre Willensstärke nicht, sondern seien Sie sich Ihrer Willensgrenzen bewusst.

Zum Nachdenken

Ein Esel, der mit Salz beladen war, musste durch einen Fluss waten. Er fiel hin und musste für einige Augenblicke in der kühlen Flut liegen. Beim Aufstehen fühlte er sich um einen großen Teil seiner Last erleichtert, weil das Salz im Wasser geschmolzen war. Langohr merkte sich diesen Vorteil und wandte ihn gleich an, als er, mit Schwämmen belastet, wieder durch diesen Fluss ging. Diesmal fiel er absichtlich nieder, sah sich aber arg getäuscht. Die Schwämme hatten nämlich das Wasser angesogen und waren bedeutend schwerer als vorher. Die Last war so groß, dass er erlag. Ein Mittel taugt nicht für alle Fälle.

Aus dem Irak

8. Schlussbetrachtung

Der Wille, die Zentralkraft des Charakters,
muss in der Gewohnheit der Entschlossenheit gesucht wer-
den, sonst wird er nicht fähig, weder dem Bösen zu widerste-
hen, noch dem Guten zu folgen.
SAMUEL SMILES

Unbestritten ist, dass persönliche und berufliche Ziele mit Hilfe eines starken Willens wirksam umgesetzt werden können. Auch wenn Sie noch so motiviert sind, eine wirksame Zielerreichung schaffen Sie nur, wenn Sie über Willenskraft und Willensstrategien verfügen. Dies ist eine klare Erkenntnis der Willenspsychologie und der Hirnforschung.

Dass mit Willensstärke letztlich alles gelingt, wäre jedoch ein falscher Schluss. Dem Willen sind genauso wie anderen psychischen Funktionen Grenzen gesetzt. Zum einen ist die Kapazität der Willenskraft begrenzt. Je stärker und länger Sie Ihren Willen anstrengen, desto mehr entlädt sich Ihr Willensakku. Irgendwann geraten Sie in den Zustand der Ich-Erschöpfung. Zum anderen stoßen Willenshandlungen an Ihre Grenzen, wenn Ihre Ziele mit Ihren Eignungen und Fähigkeiten nicht kompatibel sind. Deshalb sollten Sie deren Realistik ehrlich überprüfen und gegebenenfalls von ihnen Abschied nehmen. Ansonsten überfordern Sie sich selbst. Eine generelle Willenshemmung kann die Folge sein.

Wenn Sie Ihren Willen gestärkt haben, können Sie neue persönliche Änderungsziele planen. Achten Sie dabei darauf, möglichst nur ein Ziel in Angriff zu nehmen. Gleichzeitig an mehreren Baustellen zu arbeiten, tut Ihnen nicht gut. Priorisieren Sie Ihre Ziele und arbeiten Sie diese nacheinander ab. Geben Sie dem Ziel den Vorrang, das sowohl sehr dringlich als auch sehr wichtig ist.

Zur Gefahrenseite der Willensausübung gehört auch die Überkontrolle.[60]

Wenn Sie zu streng mit sich selbst umgehen und Ihre Bedürfnisse übermäßig unterdrücken, geht dies auf Kosten der Lebensfreude und des Lebensgenusses. Selbstkasteiung kann nicht das Ziel einer vernünftigen persönlichen Selbstführung sein.

Abschließend ist kritisch anzumerken, dass in vielen willenspsychologischen Abhandlungen und Ratgebern der moralische Aspekt oft unberücksichtigt bleibt. Dies erstaunt, denn Ziele, die Menschen sich setzen und willentlich umsetzen, sind nicht selten moralisch verwerflich. Es gibt nicht nur einen guten, sondern auch einen bösen Willen. Und es kommt immer wieder vor, dass Menschen eine Willensentscheidung treffen, um unethische Ziele zu verwirklichen. Für alle willentlich Handelnden gilt deshalb Immanuel Kants kategorischer Imperativ: »Handle so, dass die Maxime deines Willens jederzeit zugleich als Prinzip einer allgemeinen Gesetzgebung gelten könnte.«[61]

Zum Nachdenken

Und der Mensch hat seine Grenzen!
Grenzen, über die hinaus
Sich sein Mut im Staube windet,
Seiner Klugheit Aug' erblindet,
Seine Kraft wie Binsen bricht
Und sein Innres zagend spricht:
Bis hierher und weiter nicht!

Franz Grillparzer

9. Mein Willensprogramm

Eigentlich bin ich ganz anders,
nur komme ich selten dazu.
ÖDÖN VON HORVATH

Sie wissen jetzt, wie Sie Ihren Willen stärken können. Tragen Sie die Änderungsziele (Was) und die Änderungswege (Wie) unten in die entsprechenden Spalten ein.

Was ich ändern möchte?	Wie ich es ändern möchte?

Zum Nachdenken

Straßenkehrer Beppo

Manchmal hat man eine lange Straße vor sich. Man denkt, die ist so schrecklich lang; das kann man niemals schaffen, denkt man. Und dann fängt man an, sich zu beeilen. Und man beeilt sich immer mehr. Jedes Mal, wenn man aufblickt, sieht man, dass es gar nicht weniger wird, was noch vor einem liegt. Und man strengt sich noch mehr an, man kriegt es mit der Angst, und zum Schluss ist man ganz außer Puste und kann nicht mehr. Und die Straße liegt immer noch vor einem. So darf man es nicht machen.

Beppo dachte einige Zeit nach. Dann sprach er weiter: »Man darf nie an die ganze Straße auf einmal denken, verstehst du?«, zu Momo gewandt, »man muss nur an den nächsten Schritt denken, an den nächsten Atemzug, an den nächsten Besenstrich. Und immer wieder nur an den nächsten.«

Wieder hielt Beppo inne und überlegte, eher er hinzufügte: »Dann macht es Freude; das ist wichtig, dann macht man seine Sache gut. Und so soll es sein.« Und abermals nach einer langen Pause fuhr er fort: »Auf einmal merkt man, dass man Schritt für Schritt die ganze Straße gemacht hat. Man hat gar nicht gemerkt wie, und man ist nicht außer Puste.

Michael Ende

10. Erfolgskontrolle

Alle gut verfolgten Dinge hatten bisher Erfolg.
FRIEDRICH NIETZSCHE

Sechs Wochen, nachdem Sie begonnen haben, Ihre Willensstärke zu verändern, sollten Sie eine erste Änderungsbilanz durchführen. Nehmen Sie Ihr Änderungsprogramm zur Hand und beantworten Sie folgende Bilanzfragen:

- Was habe ich umgesetzt?
- Wo hat sich meine Willensleistung positiv verändert?
- Wo hat es keine Fortschritte gegeben?
- Was müsste ich in nächster Zeit verändern?

Darüber hinaus sollten Sie sich mit dem Analysebogen (s. Kapitel 1), den Sie im Rahmen Ihrer Bestandsaufnahme beantwortet haben, nochmals beurteilen (s. u.).

Wenn Sie diese Prozedur beendet haben, vergleichen Sie Ihre damaligen Resultate mit den jetzigen, und zwar sowohl in Bezug auf die 15 Aussagen als auch hinsichtlich des Gesamtergebnisses.

Kreuzen Sie an, in welchem Ausmaß die 15 Aussagen aktuell auf Sie zutreffen. Sie haben jeweils vier Antwortalternativen:

4 = Die Aussage trifft auf Sie sehr oft zu.

3 = Die Aussage trifft auf Sie oft zu.

2 = Die Aussage trifft auf Sie manchmal zu.

1 = Die Aussage trifft auf Sie selten zu.

		Sehr oft	oft	manchmal	selten
1.	Ich setze mir klare Ziele.	4	3	2	1
2.	Die Umsetzung von Zielen plane ich gründlich.	4	3	2	1
3.	Den Weg zu einem Ziel teile ich in Etappen ein.	4	3	2	1
4.	Ein gesetztes Ziel verliere ich nicht aus den Augen.	4	3	2	1
5.	Trotz innerer Widerstände gelingt es mir, auf Zielkurs bleiben.	4	3	2	1
6.	Aufgaben, die ich zur Erreichung eines Ziels erledigen muss, schiebe ich nicht auf.	4	3	2	1
7.	Ich kann meinen Willen gezielt anstrengen.	4	3	2	1

8.	Auf dem Weg zum Ziel lasse ich mich von Schwierigkeiten nicht entmutigen.	4	3	2	1
9.	Ich kann meine Konzentration gut steuern.	4	3	2	1
10.	Wenn ich auf Hindernisse stoße, vermehre ich meine Anstrengung.	4	3	2	1
11.	Es fällt mir leicht, zugunsten der Zielerreichung auf etwas zu verzichten.	4	3	2	1
12.	Trotz Verlockungen lasse ich mich von einem Ziel nicht abbringen.	4	3	2	1
13.	Ich kann meine Stimmung zielförderlich beeinflussen.	4	3	2	1
14.	Ich verfüge über ein gutes Durchhaltevermögen.	4	3	2	1
15.	Auf dem Weg zum Ziel bewältige ich Misserfolge rasch.	4	3	2	1

Zum Nachdenken

Niemand wird weise geboren, kein großer Plan schnell verwirklicht.

Alles bedarf der Zeit, um zur Vollendung zu gelangen.

Tritt der Erfolg nicht frühzeitig ein, ist das ein Grund zur Freude.

Chao-Hsiu Chen

11. Literatur

Ach, N. K.: Analyse des Willens. Berlin und Wien: Urban & Schwarzenberg 1935.

Alexander, C.: Die Endurance. Shackletons legendäre Expedition in die Antarktis. Berlin: Berlin Verlag 1998.

Bauer, J.: Selbststeuerung. Die Wiederentdeckung des freien Willens. München: Blessing 2015 (6. Aufl.).

Baumeister, R.: Wo ein Wille ist … Gehirn & Geist, Heft 11, 2015, 19-23.

Baumeister, R./Tierny, J.: Die Macht der Disziplin. Wie wir unseren Willen trainieren können. München: Goldmann 2014 (5. Aufl.).

Behrens, K.: Alles Sehen kommt von der Seele. Die außergewöhnliche Lebensgeschichte der Helen Keller. Weinheim: Beltz & Gehlberg 2014.

Bischoff, C.: Willenskraft. Warum Talent maßlos überschätzt wird. Berlin: Econ 2011 (2. Aufl.).

Czikszentmihalyi, M.: Das Flow-Erlebnis. Jenseits von Angst und Langeweile: Im Tun aufgehen. Stuttgart: Klett-Cotta 2000.

Deimann, M./Weber, B.: Besser Wollen! Motiviert sein und motiviert bleiben für persönliche und berufliche Ziele. Heidelberg: Apertus 2009.

Ellis, A.: Training der Gefühle. Wie Sie sich hartnäckig weigern, unglücklich zu sein. München: Moderne Verlagsgesellschaft 2006.

Frankl, V.: E.: ...trotzdem Ja zum Leben sagen. Ein Psychologe erlebt das Konzentrationslager. München: Deutscher Taschenbuch Verlag 1999 (16. Aufl.).

Goschke, T.: Volition und kognitive Kontrolle. In: Müssler, J./Rieger, M. (Hrsg.): Allgemeine Psychologie. Berlin und Heidelberg: Springer 2017.

Gorr, C./Bauer, M. C. (Hrsg.): Was treibt uns an? Motivation und Frustration aus Sicht der Hirnforschung. Berlin: Springer 2018.

Goschke, T.: Warum wir nicht immer tun, was wir wollen. Motivationskonflikte und die neurokognitiven Mechanismen der Selbstkontrolle. In: Gorr, C./Bauer, M. C. (Hrsg.): Was treibt uns an? Motivation und Frustration aus Sicht der Hirnforschung. Berlin: Springer 2018.

Grasberger, D.: Autogenes Training – mit CD. München: Gräfe und Unzer 2015 ((3. Aufl.).

Heckhausen, H./Gollwitzer, P. M./Weinert, F. E. (Hrsg.): Jenseits des Rubikon. Der Wille in den Humanwissenschaften. Berlin und Heidelberg: Springer 1987.

Heckhausen, J./Heckhausen, H.: Motivation und Handeln. Berlin: Springer 2010 (4. Aufl.).

Höcker, A./Engberding, M./Rist, F.: Heute fange ich wirklich an! Prokrastination und Aufschieben überwinden – ein Ratgeber. Göttingen: Hogrefe 2017.

Kabat-Zinn, J./Kierdorf, T.: Im Alltag Ruhe finden. Meditationen für ein gelassenes Leben. München: Droemer Knaur (2015).

Kanfer, F.H./Reinecker, H./Schmelzer, D.: Selbstmanagement-Therapie. Ein Lehrbuch für die klinische Praxis. Berlin und Heidelberg: Springer 2012 (5. Aufl.).

Kant, I.: Grundlegung zur Metaphysik der Sitten. Ditzingen: Reclam 1986.

Kehr, H. M.: Souveränes Selbstmanagement. Ein wirksames Konzept zur Förderung von Motivation und Willensstärke. Weinheim und Basel: Beltz 2002.

Keller, G.: Die Gewissensentwicklung der Geschwister Scholl. Eine moralpsychologische Betrachtung. Herbolzheim: Centaurus 2014.

Kornhuber, H. H.: Handlungsentschluß, Aufmerksamkeit und Lernmotivation im Spiegel menschlicher Hirnpotentiale. In: Heckhausen, H./Gollwitzer, P. M./Weinert, F. E. (Hrsg.): Jenseits des Rubikon. Der Wille in den Humanwissenschaften. Berlin und Heidelberg: Springer 1987.

Kornhuber, H. H./Deecke, L.: Wille und Gehirn. Bielefeld und Basel: Edition Sirius 2009 (2. Aufl.).

Kuhl, J.: Motivation, Konflikt und Handlungskontrolle. Berlin und Heidelberg: Springer 1983.

Kuhl, J.: Motivation und Handlungskontrolle: Ohne guten Willen geht es nicht. In: Heckhausen, H./Gollwitzer, P. M./ Weinert, F. E. (Hrsg.): Jenseits des Rubikon. Der Wille in den Humanwissenschaften. Berlin und Heidelberg: Springer 1987.

Kuhl, J.: Motivation und Persönlichkeit. Interaktionen psychischer Systeme. Göttingen: Hogrefe 2001.

Lindworsky, J.: Willensschule. Paderborn: Schöningh 1953 (5. Aufl.).

MacDonald, M.: Dein Gehirn. Das fehlende Handbuch. Köln: O'Reilly 2009.

Mandela, N.: Der lange Weg zur Freiheit. Autobiografie. Frankfurt: Fischer 2006 (10 Aufl.).

Martens, J. U.: Praxis der Selbstmotivierung. Wie man erreichen kann, was man sich vornimmt. Stuttgart: Kohlhammer 2011.

Martens, J. U./Kuhl, J.: Die Kunst der Selbstmotivierung. Neue Erkenntnisse der Motivationsforschung praktisch nutzen. Stuttgart: Kohlhammer 2004.

McGonigal, K.: Bergauf mit Rückenwind. Willenskraft effizient einsetzen. München: Goldmann 2012 (4. Aufl.).

Mischel, W.: Der Marshmallow-Effekt. Wie Willensstärke unsere Persönlichkeit prägt. München: Pantheon 2016.

Münchhausen, M. v.: So zähmen Sie Ihren inneren Schweinehund! Vom ärgsten Feind zum besten Freund. Frankfurt/Main: Campus 2006 (6. Aufl.).

Müssler, J./Rieger, M. (Hrsg.): Allgemeine Psychologie. Berlin und Heidelberg: Springer 2017.

Oaten, M./Cheng, K.: Longitudinal Gains in Self-Regulation from Regular Physical Exercise. British Journal of Health Psychology, 11, 2006, 717-733.

Oettingen, G.: Die Psychologie des Gelingens. München: Pattloch 2015.

Ohm, D.: Stressfrei durch Progressive Relaxation (Buch und CD). Mehr Gelassenheit durch Tiefmuskel-Entspannung nach Jacobson. Stuttgart: Trias 2011 (2. Aufl.).

Petzold, H. G./Sieper, J. (Hrsg.): Der Wille, die Neurobiologie und die Psychotherapie. Zwischen Freiheit und Determination. Band 1. Bielefeld und Locarno: Edition Sirius 2008.

Pinnow, M.: Wünschen, Wählen, Wollen. Individuelles Entscheiden und Handeln im Spiegel der Neurowissenschaften. In: Gorr, C./Bauer, M. C. (Hrsg.): Was treibt uns an? Motivation und Frustration aus Sicht der Hirnforschung. Berlin: Springer 2018.

Roper, L.: Luther. Der Mensch Martin Luther. Frankfurt: Fischer 2016.

Rückert, H.-W.: Schluss mit dem ewigen Aufschieben. Wie Sie umsetzen, was Sie sich vornehmen. Frankfurt/Main: Campus 2014 (8. Aufl.).

Rudolph, U.: Motivationspsychologie kompakt. Weinheim und Basel: Beltz 2013 (3. Aufl.).

Ryan, F.: Willpower For Dummies. Chichester: Wiley 2014.

Schwörer, B./Oettingen, G.: Vom Träumen zum Tun – Befunde aus der modernen Motivationspsychologie. In: Gorr, C./Bauer, M. C. (Hrsg.): Was treibt uns an? Motivation und

Frustration aus Sicht der Hirnforschung. Berlin: Springer 2018.

Steffan, H.: Bertha von Suttner. Reinbek bei Hamburg: Rowohlt 1999.

Suttner, B. v.: Die Waffen nieder! Dresden und Leipzig: Piersohn 1899.

Vierkant, T. (Hrsg.): Willenshandlungen. Zur Natur und Kultur der Selbststeuerung. Frankfurt am Main: Suhrkamp 2008.

Willmann, H.-G.: Willenskraft. Offenbach: Gabal 2015 (5. Aufl.).

Willmann, H.-G.: Erfolg durch Willenskraft. Wie Sie mehr von dem erreichen, was Sie sich vornehmen. Offenbach: Gabal 2015.

12. Anmerkungen

1   Ach 1935.

2   Zit. nach Psychologie Heute 5/2011.

3   www.gutenberg.org/files/29097/29097-h/29097-h.htm.

4   Kornhuber/Deecke 2009.

5   Bauer 2015, 202.

6   Vierkant 2008, 41.

7   Baumeister/Tierny 2014.

8   Ebd. 2014, 58.

9   Mischel 2016.

10   Ebd., 64ff.

11   Ebd., 61ff.

12   Heckhausen/Gollwitzer 1987.

13   Kuhl 1983.

14   Kuhl 2001, 131.

15   Lindworsky 1953, 47 f.

16   Euripides: Hippolytos 375–383a.

17   www.dak.de/dak/bundes-themen/gute-vorsa-etze-2018-1954982.html

18   Rückert 2014, Höcker u. a. 2017.

19   MacDonald 2009, 147.

20   Münchhausen 2006, 35.

21   Martens/Kuhl 2004, 21.

22 http://gutenberg.spiegel.de/buch/im-schatten-der-jungen-madchen-7813/2

23 Ryan 2014, 62 f.

24 Martens/Kuhl 2004, 111.

25 Höcker/Engberding/Rist 2017.

26 Schwörer/Oettingen 2018, 107.

27 Oettingen 2015.

28 Kornhuber 1987, 391.

29 Czikszentmihalyi 2000.

30 Kuhl 1987, 108.

31 Kanfer 2012.

32 Baumeister 2015, 20.

33 McGonigal 2012, 71 ff.

34 Ebd., 77.

35 Ohm 2011.

36 Grasberger 2015.

37 McGonigal 2012, 46.

38 Kabat-Zinn/Kierdorf 2015.

39 Oaten/Cheng 2006.

40 Ellis 2006.

41 Baumeister/Tierny 2014, 161ff.

42 Ebd., 164.

43 McGonigal 2012, 255.

44 www.brandeins.de/archiv/2010/irrationalitaet/helden-wie-wir/

45 Zit. nach Alexander 1998, 141.

46 Ebd., 195.

47 http://www.wenig-worte.de/vom-fuehlen.html

48 Zit. nach Behrens 2014, 129.

49 Zit. nach Keller 2014, 58.

50 Ebd., 73.
51 Ebd., 75.
52 http://www.radio.cz/de/rubrik/buch/laufen-von-je-an-echenoz-eine-hommage-an-die-sportlerlegen-de-emil-zatopek
53 wikivisually.com/lang-de/wiki/Emil_Zátopek
54 Frankl 1999, 5.
55 Mandela 2006, 496.
56 Ebd., 577.
57 Zit. nach Roper 2016, 12.
58 www.luther2017.de/de/neuigkeiten/luther-auf-dem-reichstag-in-worms
59 Suttner 1899, Bd.2., 105.
60 Kehr 2002, 135.
61 Kant 1986.